全民健身背景下青少年体质健康与促进研究

王 哲◎著

吉林人民出版社

图书在版编目（CIP）数据

全民健身背景下青少年体质健康与促进研究 / 王哲

著 . -- 长春 : 吉林人民出版社 , 2021.6

ISBN 978-7-206-18173-3

Ⅰ . ①全… Ⅱ . ①王… Ⅲ . ①青少年 – 体质 – 健康教

育 – 研究 – 中国 Ⅳ . ① G479

中国版本图书馆 CIP 数据核字（2021）第 119076 号

责任编辑：郭　威

装帧设计：马静静

全民健身背景下青少年体质健康与促进研究

QUANMIN JIANSHEN BEIJING XIA QINGSHAONIAN TIZHI JIANKANG YU CUJIN YANJIU

著　者：王　哲

吉林人民出版社出版发行（长春市人民大街7548号　　　邮政编码：130022）

印　　刷：北京亚吉飞数码科技有限公司

开　　本：710mm×1000mm　　　　1/16

印　　张：13.5　　　　字　　数：175千字

标准书号：ISBN 978-7-206-18173-3

版　　次：2022年4月第1版　　　印　　次：2022年4月第1次印刷

印　　数：1-1 000册　　　　定　　价：82.00元

前　言

　　健康中国成为我国近几年着重发展的重要战略之一,这对于我国国民体质和健康水平的提升有着现实的指导意义。健康中国战略的主题是促进全民健康,所有建设工作的开展都是围绕着人民健康这一中心进行的。全民健康是健康中国战略建设与实施的根本目的。因此,要通过各种途径和举措,来进一步强化个人健康责任,提高全民健康素养,通过积极的引导,使人们形成健康生活方式,有效控制影响健康的生活行为因素,形成热爱健康、追求健康、促进健康的良好氛围。

　　青少年作为社会主义建设的重要后备军,是人才培养的中坚力量,也是未来我国社会主义建设的主力。因此,青少年体质健康一直以来都是我国重点关注的工作内容,这关系到国家的可持续发展。调查发现,我国当前青少年体质健康状况堪忧,总体健康水平持续走低,这与现代便捷生活不无关系,出门就是各种交通工具,吃饭有外卖,娱乐以电子产品为主。这种不良的生活习惯,再加上体育运动锻炼的缺乏,是影响青少年体质健康的重要因素。为了改善当下青少年体质健康状况,也为有效补充这方面的研究资料,笔者撰写了《全民健身背景下青少年体质健康与促进研究》一书,希望能够发挥出本身应有的价值。

　　本书共八章,第一章对健康中国的提出、内涵进行了分析和解读,由此能对本书的重要背景有深入了解。第二章对体质、健康观、健康促进几个体质健康的相关概念进行了剖析,这些基础性概念为后续青少年体质健康及其促进奠定了理论基础。第三章分析了青少年体质健康情况及其与健康中国之间的关系,将两者有机结合起来,这与本书的基调是相对应的,具有点题的作用。第四章对《国家学生体质健康标准》与青少年体质健康测评进行了探索,由此能为青少年体质健康促进提供必要的依据和支持。第五章对青少年体质健康教育与管理进行了研究,主要涉及青少年体质教育的新理念、新政策、目标与要求、原则与方法,以及管理的理论与未来规划等内容,这就起到了积极的导向作用,保证健康教育开展方向的正确。第六章和第七章,分别对青少年身体素质训练、体育锻炼与体质健康促进进行了分析和探索,这是两条有效促进青少年体质健康的重要路径,具有显著的现实意义。第八章则从生活方式、膳食营养、伤病防治以及体质健康促进服务体系的构建等方面入手,对青少年体质健康促进的重要保障进行了研究。

从上述内容中可以看出,本书紧密贴合健康中国战略,对青少年体质健康与促进进行了全方位且深入的探索和研究,立意新颖,内容丰富,结构完整,紧抓社会热点,这就使其实效性得到保证,指导和参考价值较高,是一本专业学术著作。

本书在撰写过程中,参考和借鉴了相关专家学者的研究成果和观点,在此表示最诚挚的感谢!另外,由于时间和精力有限,书中不足之处,敬请指正!

王 哲

2020 年 12 月

目　录

第一章　健康中国的提出及内涵

健康中国是习近平总书记在 2017 年党的十九大报告中提出的一个发展战略,这一战略的提出对于我国的繁荣昌盛,对于中华民族的伟大复兴都具有深远的影响和意义。因此,在未来的工作中,健康中国建设就成为一项非常重要的任务。健康中国建设涵盖社会的各个层面,要始终坚持健康中国战略的宗旨,促进我国社会各个层面的发展。为了帮助人们更加深入了解健康中国这一战略,本章就重点探讨健康中国的发展背景及基本内涵。

第一节　健康中国的提出

健康中国的提出是有着一定的历史背景的。总体来看,这一战略是伴随着我国社会各项事业的发展及全民健身运动的发展而产生和提出的。下面详细阐述健康中国提出的历史背景及发展历程。

一、健康中国提出的历史背景

党和国家历来都非常重视我国人民群众的身体健康,曾经多次在各项政策及会议上提及人民群众的健康安全。伴随着现代社会的不断发展,全民健身运动得到了良好的推广与发展,目前正在如火如荼地进行中。在这样的背景下,我国政府充分发挥社会各方面的联动作用,促使我国国民体质健康水平逐年得到稳步提升。

从 1995 年开始,在党和政府的领导下,我国社会上下积极开展全民健身运动。我国投入了大量的人力、物力与财力到全民健身工作之中。通过多年来的发展,我国国民体育健身观念不断增强,全民健身路径与设施不断完善,广大人民群众的身心健康水平得到了有效改善和提升。

伴随着我国全民健身工作的广泛开展,全民健身的内涵也日益丰富,在这样的背景下,广大人民群众对体育健身的需求也越来越多样化。可以说,全民健身不仅关系到社会大众身心健康,也关系到整个社会的发展与稳定,因此一定要在今后的实际行动中更加重视全民健身运动,促进全民健身运动更加快速的发展。

伴随着现代社会的不断发展,我国社会经济水平日益提升,人们在满足了温饱的条件下,开始对生活质量有更高的追求,"人民幸福"成为新时期党和国家关注的民生重点。要实现人民幸福,就必须要确保人民群众的体质和心理健康。这是非常重要的一个方面。

在社会发展的任何时期,国民健康都是一项非常重要的事业,它将直接影响到整个社会的顺利运转与发展。在国民健康发展的过程中,会面临着各种各样的问题,如何解决这些问题就成为一个国家政府部门的重要责任与任务。在社会物质水平不断提高的现阶段,社会生活方式、民众饮食结构、工作方式、出行方式等都发生了很大改变,由于饮食不健康、生活方式不健康、运动不足、生活环境恶化等各种因素的影响,现代社会文明病频发,严重危害到人们的身心健康,不利于整个社会的健康发展。

伴随着我国社会主义现代化建设的进行,健康中国建设的需求也越来越强烈,在未来的建设与发展中,我国政府及地方政府部门需要进一步普及健康知识、增强人民体质、提高人民健康生活水平与生活质量,不断加强人民群众的健康教育与健康工作,让人们充分认识到健康中国建设的重要性,将健康中国战略精神充分贯彻于平时的学习与工作之中,为了早日实现中华民族的伟大复兴而奋斗。

二、健康中国的发展历程

伴随着现代社会的不断发展，人民群众对健康的追求日益强烈，因此健康中国战略的提出是历史发展的必然，同时是我国健康事业发展的需求。

2008 年，我国卫生部启动"健康中国 2020"战略研究，对我国健康事业发展做了细致而透彻的分析，在此基础之上，确定了我国健康中国建设中的各个问题及发展的重点。

（1）公共健康政策。

（2）公共卫生。

（3）药物政策。

（4）医疗健康与医药体系完善。

（5）健康事业的科技支撑。

（6）中医学研究。

2012 年 8 月，我国正式发布了《"健康中国 2020"战略研究报告》，提出了 2020 年实现以下几个目标。

（1）人均寿命达到 77 岁，5 岁以下儿童死亡率下降到 13‰。

（2）增进社会卫生公平。

（3）健全医疗保障制度。

（4）控制慢性病蔓延和健康危险因素。

（5）强化传染病和地方病防控。

（6）确保食品药品安全。

（7）依靠科技发展医药。

（8）继承创新中医药。

（9）发展健康卫生产业。

（10）履行政府健康职责。

2015 年 10 月，中共中央发布《中国共产党第十八届中央委员会第五次全体会议公报》，明确了"健康中国"的医疗健康战略。

这一战略主要包括以下内容。

（1）建立一个健全和完善的社会健康保障制度。

（2）不断深化医药卫生体制改革。

（3）实施食品卫生安全战略。

（4）促进人口均衡发展。

（5）积极应对老龄化，处理好老龄化问题。

2016年8月，全国卫生与健康大会中，习近平总书记指出"人们常把健康比作1，事业、家庭、名誉、财富等就是1后面的0，人生圆满全系于1的稳固"，提出"要把人民健康放在优先发展的战略地位"。2016年10月，中共中央、国务院印发了《"健康中国2030"规划纲要》，指出了未来三个阶段的发展目标。

第一阶段：2020年，建立覆盖城乡居民的中国特色基本医疗卫生制度，健康素养水平持续提高，健康服务体系完善高效，人人享有基本医疗卫生服务和基本体育健身服务，基本形成内涵丰富、结构合理的健康产业体系，主要健康指标居于中高收入国家前列。

第二阶段：2030年，促进全民健康的制度体系更加完善，健康领域发展更加协调，健康生活方式得到普及，健康服务质量和健康保障水平不断提高，健康产业繁荣发展，基本实现健康公平，主要健康指标进入高收入国家行列。

第三阶段：2050年，建成与社会主义现代化国家相适应的健康国家。

2017年10月18日，习近平总书记在党的十九大报告中指出，实施健康中国战略，将健康中国上升到一个国家战略地位的高度。由此可见，党和政府及领导人对健康中国建设的重视程度。

2019年7月15日，国务院印发《国务院关于实施健康中国行动的意见》，制定印发《健康中国行动（2019—2030年）》，提出未来社会健康工作开展的15个重大专项行动（表1-1）。

表 1-1　《健康中国行动(2019—2030 年)》主要任务

序号	任务行动内容	任务方向
1	健康知识普及行动	全方位干预健康影响因素
2	合理膳食行动	
3	全民健身行动	
4	控烟行动	
5	心理健康促进行动	
6	健康环境促进行动	
7	妇幼健康促进行动	维护全生命周期健康
8	中小学健康促进行动	
9	职业健康保护行动	
10	老年健康促进行动	
11	心脑血管疾病防治行动	防控重大疾病
12	癌症防治行动	
13	慢性呼吸系统疾病防治行动	
14	糖尿病防治行动	
15	传染病及地方病防控行动	

当前,健康中国建设的总体目标是,全民健身和全民健康指标达到中高收入国家水平。生命在于运动,坚持体育活动,在增进健康的同时,包括对相关疾病加以预防。

第二节　健康中国的内涵

一、健康中国的深刻内涵

"健康中国"是一个促进我国国民体质健康发展的长远的战略,这一战略的颁布与实施对于我国社会主义现代化建设以及中华民族的伟大复兴具有深远的影响和意义。"健康中国"有着丰富而深刻的内涵,充分了解"健康中国"的内涵对于实施这一战略具有重要的意义。

总的来看,"健康中国"的内涵具体体现在以下几个方面。

(1)明确健康是社会发展的重要基础。

(2)坚持中国特色卫生与健康发展道路。

(3)坚持正确"将健康融入所有政策"。

(4)坚决贯彻预防为主方针,减少人群患病。

(5)全面加强学生卫生与健康工作。

(6)重视重点人群(老妇幼、流动人口)健康。

(7)倡导健康文明的生活方式,树立"大健康"观。

(8)重视心理健康工作开展。

(9)解决环境问题,建设健康、宜居、美丽家园。

(10)完善食品安全体系。

(11)健全公共安全体系。

(12)深化医药卫生体制改革。

(13)振兴中医药。

(14)完善人口健康信息服务体系建设。

(15)加强健康研究与国际健康合作。

"健康中国"的提出符合我国现代社会发展的要求,是新时期我国健康事业发展的必然要求和发展趋势,它将全民健身纳入其中,二者相互促进与融合,在当前社会发展新时期能真正为人民群众的健康生活与幸福生活谋划,切实促进全体人民群众的身心健康发展,切实提高全体人民群众的健康水平、生活质量和生活幸福感、获得感。

二、健康中国的地位及战略意义

(一)健康中国的地位

"健康中国"战略是在中国社会经济发展背景下提出的,属于我国重要的可持续发展战略。这一战略的颁布与实施对于我国国民体质的增强具有重要的意义,在我国社会发展中具有重要的战略地位。

（二）健康中国的战略意义

为推动我国的社会主义现代化建设,首先就要大力发展社会经济,这也是我国的一个基本方针,而社会经济的发展则是建立在健康这一基础之上的。社会经济发展从根本上来说需要人的推动,人是必不可少的一支力量。人民能够为社会创造多少价值,为社会做多大的贡献,直接取决于人民的健康状况。改善人民群众的健康水平,能够促进人力资本结构的优化,刺激居民消费,从而转变经济发展方式,对生态化的社会环境加以创建,这种社会环境反过来又能促进人民健康水平的提升。可见人民健康与社会经济发展之间存在着良性互动的关系,妥善处理这个关系,可实现良性循环。近些年来,作为第三产业重要组成部分之一的健康产业在我国的发展非常迅猛,而且发展前景十分广阔,在国民经济增长与国民经济结构的调整中,健康产业做出了重要的贡献,成为我国新的经济增长点。因此说,一方面我国发展社会经济可以更好地实施健康中国战略,实现全民健康的目标;另一方面健康中国战略的实施也能进一步推动我国的经济建设。

衡量我国社会主义现代化建设的一个非常重要的标准就是人民是否健康,这也是社会主义现代化的一个重要标志。社会文明的进步是以人民健康为基础的,人民健康,则国家才有可持续发展的能力,国家的综合国力才能更强大。反过来,如果人民健康状况堪忧,疾病得不到救助,传染病肆虐,控制力度弱,则必然影响人民的生活水平、生活质量,影响社会的进步和国家的发展。作为历史的创造者,人民必须先保证自己身体健康、有充足的物质资料来维持生存,才能更好地为社会做贡献。而人民的健康与物质资料的获取又离不开政府在政策层面给予保障。健康中国战略正是政府从政策上解决人民健康问题的伟大举措,实施这项举措能够促进人民群众健康、促进国家医疗卫生事业改革与发展、促进民生问题的解决,进而为和谐社会的构建提供重要保障。以人为本、以人民群众为中心是国家各项事业发展的重要思想,从根本上来看,健康中国战略积极贯彻了这一思想,该战略的实施能够满足人民群众的健康需求,让广大的人民群众获得安全感和幸福感。

健康可以说是人类生存与发展的基础条件,也是人类的基本权利之一。"共享共建"是健康中国的重要主题,"共"是这一主题的重点,这是对整体性的一种强调,健康是每个人都有权享有的,只有全民享受健康,才能团结起来共同参与到祖国的建设中。当前,政府没有积极转变职能、缺乏完善的社会保障制度、经济发展方式没有向集约型转变等是影响全民享有健康权利的主要因素。实施健康中国战略,有助于促进我国社会保障制度及健康制度体系的健全与完善,促进健康产业规模的不断扩大,使我国政府部门的健康服务能力得到提升,从而有效消除上述影响因素的制约性,使人民的健康权利在更大范围和更高程度上得到维护,真正实现人人平等享有健康权利、人人拥有健康身心。实施健康中国战略还能调动全民的积极性,使其主动投身于健康中国建设中。有关部门加强对社会医疗保障体系的充实与完善、积极向人民提供优质的健康服务,从而使人民群众不再为看病难而发愁,有效提升人民群众的健康生活水平。健康中国战略指出,要从根本上转变医学模式,就要贯彻"预防为主"的方针,要充分运用医学技术,完善公共医学政策,促进中西医的有机融合,针对广大居民存在的重大疾病问题要给予重点解决,要将人民群众的切身利益放在第一位。

三、健康中国建设的起点、重点与难点

(一)健康中国建设的起点

长久以来,我国都非常重视人民的身体健康,开展了大量的

爱国卫生运动。这一措施在我国现代化建设中发挥了举足轻重的作用,使国家更文明、更卫生、更健康。具体而言,健康中国建设的作用主要体现在以下几个方面。

第一,有利于社会环境与政策环境的优化,有利于人民群众的健康生活。

第二,有利于城乡环境卫生条件的改善和提高。

第三,能极大地丰富人民群众健康工作的内涵,有利于工作机制的创新与完善。

第四,有利于健康生活方式的普及。

第五,有利于人民群众卫生素养的提升。

(二)健康中国建设的重点

健康中国战略的实施对于我国的社会主义现代化建设以及中华民族的伟大复兴都具有重要的意义。在实施健康中国战略的过程中,要求将最全面和最优质的健康服务提供给最广大的人民群众,这就需要继续促进国民健康政策的创新与完善,这也是健康中国建设的重点所在。

1.防治策略的优化

在健康中国建设的过程中要不断地优化各种防治策略,这是非常重要的一方面。曾经有人指出,在众多的健康策略中,最经济有效的预防策略就是要坚持贯彻"预防为主"的原则,将预防与治疗有机结合起来进行,这样能取得理想的防治效果。

要想保障我国广大人民群众的健康生活,首先就要有良好的卫生与健康服务,要树立大卫生观、大健康观,并在观念上达成共识,统一思想,大力宣传与推广积极健康的生活方式。

2.发挥"大处方"与"小处方"的合力效应

在健康中国建设中,政府部门要以人民健康为中心开展各项工作,要非常重视人民群众的身体健康和生命安全。一般来说,社会整体联动是"大处方",医疗卫生服务是"小处方",二者缺一不可,要充分发挥二者的合力作用。

（1）对"社会办医"予以必要的支持,充分利用各种社会资源及力量。

（2）深入研究人口发展战略,根据实际情况制定配套的人口生育政策。

（3）建立一个完善的社会保障政策体系,实施医养结合模式,合理应对人口老龄化问题。

（4）传承中医文化,大力发展中西医结合。

（三）健康中国建设的难点

在健康中国建设的过程中,要始终将人民健康放在第一位,要采取各种手段和措施满足广大人民群众的健康需求,这就需要做好医疗卫生服务工作,为人民群众提供优质的医疗服务与卫生服务,这是健康中国建设的重要工作内容之一。

为提高我国的医疗卫生服务质量,加快健康中国建设的步伐,就必须要加强医疗服务改革,想人民群众之所想,急人民群众之所急,将人民群众的利益放在第一位。

经过多年来的发展,虽然我国的医疗卫生问题得到了一定的解决,但总体上来看,整个医药卫生体制还很不健全,这极大地制约和影响着我国医疗卫生与服务的发展。因此,在今后我们要以改革医药卫生体制为切入点来实施"医改",制定具有中国特色的医疗卫生服务体系、医疗卫生保障制度、医院现代管理制度等。在医药卫生体制的改革中要切实考虑人民群众的需求,考虑各种现实实际问题,也要考虑改革后的效果,处理好公平与效率的问题,切实保障人民群众的健康与生命安全。

第二章　体质健康及相关概念

　　随着社会、经济、政治、文化的不断发展和完善,人们的生活水平有了提升,与此同时,人们对健康的重视程度也越来越高。再加上当前健康中国战略的提出与实施,使得人们的健康意识越来越强,但是,人们对体质健康等相关概念的了解和认识还比较片面、浅显,这会影响到其体质健康的有效提升。因此,本章重点对体质、健康观、健康促进这几个相关概念进行深刻的分析和阐述,从而为更好地理解健康中国视角下青少年体质健康促进建立概念基础。

第一节　体　质

一、体质的概念

　　体质,是指人体的质量,其不仅来源于先天的遗传,还与后天的努力有着非常紧密的关系。具体来说,体质是人体在形态结构、身体素质、生理功能、运动能力和心理发展等方面所表现出来的相对稳定的、综合的显著特征。由此,可以将体质的内容提取出来,即人的体能、性格、精神、生理机能和适应能力等方面。

　　对人的体质产生影响的因素有很多,大致可以分为两个方面:一是先天遗传因素,主要包括一个人的相貌肤色、形态结构等,这部分因素是很难发生改变的;二是后天锻炼因素,主要包括体育锻炼、营养吸收、生活环境等,这些因素会在不同程度上影响到体质的发展状况。从定义中可知,体质对于一个人来说是非常重要的基础条件,只有具备良好的体质,人的生命活动才能开展,工作能力才能得到发挥,才有可能达到延年益寿的目的。

简单来说,体质能够将人体的生命运动和身体运动的对立统一反映出来,要想使身体发展达到极致,就必须对生命运动和身体运动的矛盾统一进行全面的把握,并对其中的矛盾进行科学的调整和处理。尽管都是健康的人,他们在体质方面却有着方方面面的差别。要衡量一个人的体质强弱,可以通过形态、功能、身体素质对环境、气候适应能力和抗病能力等方面的综合评价而实现。

二、体质的科学内涵

体质的内涵是非常丰富的,这在很多方面都有所体现。下面就从以下几个方面着手来加以剖析。

(1)人本身是作为一个统一的有机体存在的,在这个有机体中,体质是其中各种能力的综合体现。从青少年的角度来说,其要想顺利参与学习,参与体育锻炼,良好的体质是必备条件。

(2)体质所强调的是人的身体和心理两个方面的共同发展,两者相互促进、相互影响,不可或缺。

(3)人的体质水平,在很大程度上受到先天遗传因素的影响。但是,这并不意味着后天因素不重要或者可以忽视,后天因素也同样会影响到人的体质水平。但是,人的体质水平是具有个体化差异的,这主要表现在种族、民族、地域、性别、年龄等方面。

(4)强调在评价人的体质状况时,一定要遵循综合性的原则,以保证评价的客观性和科学性。

(5)人的体质水平高低,通常会通过身体素质和运动能力表现出来,参加体育运动锻炼能够有效促进人的体质发展。从更加广泛的角度上来说,体质的增强,对于我国的社会主义现代化建设也是意义重大的。

(6)社会的发展、科技的进步,以及认知程度的不断提高,都会有效促使人们更加全面、深入地了解和认识体质的概念及其范畴。不管在什么时候,体质的概念都只是人们认识体质、理解体质的一个方面,不能将其理解为终结或者尽头。与此同时,人的体质的发展以及体质内涵的完善和优化都会因为人们认识水平的提高而实现。

(7)关于体质方面的研究,是没有尽头的,这与研究内容的丰富多样以及不断发展的社会都有着密切联系。体质涉及的专业、学科、领域是多方面的,这些都为体质的研究提供了必要的理论依据和支持。随着社会的不断发展,体质的研究也要进一步扩大范围,加大研究的深度。除此之外,体质与其他学科关系的研究也要遵循全面性原则。

三、体质的构成要素

构成体质的要素主要有以下五个方面。

(一)体格

体格,主要是指身体形态的发育水平。通常来说,体格与很多方面都有密切关系,比如,身体形态、身体姿态和生长发育等。要对人的体格进行测量,通常会用到身高、体重、胸围、腰围、臀围、皮褶厚度等指标,将这些指标的数据综合起来,就能够得知人体的基本发育水平和体质状态。

(二)生理功能

生理功能,主要是指人体各器官系统的生理功能和状况以及人体的新陈代谢。要想对人体的生理功能加以了解,需要对血压、脉搏、肺活量等指标进行测量并给予评价。一般来说,脉搏、血压是重要的衡量人体心血管功能的指标;肺活量则是衡量人体肺的容积和肺的扩张能力的重要指标。

（三）体能

体能，主要是指人体的素质和各种运动能力这两个方面。其中，身体素质的内容有：力量、速度、耐力、柔韧、灵敏等；运动能力的内容则主要为：走、跑、跳等各方面的能力。人们只有具备良好的体能才能从事各种体育运动，因此要重视体能的发展。

（四）心理发育水平

心理发育水平与生理发育水平一样，所反映的是心理和生理发展情况。通常，生理发育水平往往被高度重视，而心理发育水平则往往被忽略，这是不对的。

一般来说，人的心理发育的主要内容有：心理品质、判断力和个性化等。其发育水平的高低，会影响到人的全面发展，因此要引起重视。

（五）适应能力

适应能力，就是指适应内外环境的能力和抵抗疾病的能力。适应能力的高低，能够将人体在适应自然环境和社会环境中所表现出来的能力反映出来。通常情况下，我们所说的适应能力指的是生理适应能力。

上述这五个构成要素之间并不是相互独立的，而是有着密切关系的，它们之间相互依存、相互影响、相互制约，共同对人们的不同体质水平起到决定性的影响。其中，在人的体质中处于基础地位的要素有身体形态结构和生理功能两个方面，其余的身体素质和运动能力、适应能力及心理状况三个要素则是体质的外在表现。

四、理想体质

人的体质会随着年龄的不断增长而经历形成、发展和消亡等阶段,这也就将人的体质的阶段性和个体差异性特点充分展现了出来,体质水平的变化是多种多样的,可以是从健康状态转变为功能障碍,也可以是从一般功能状态转变为最佳功能状态。

所谓的理想体质,指的是人的体质在不同的状态中所表现出来的较高水平和较高层次。这种理想的体质表现出的人群特征是非常显著的,这种人群特征会因为职业、种族、性别和年龄等的不同而不同。理想体质首先尊重和接受先天遗传,在此基础上,也能够接受后天努力的结果,直到最终的理想化的体质状态也是可以不断发展和完善的。

具体来说,这种理想体质大致包含以下内容。

(1)身体健康,指人体各脏器没有病变。

(2)体格健壮、体型匀称,身体形态发育良好。

(3)运动系统、呼吸系统和心血管系统的生理机能良好。

(4)工作能力和运动能力较强。

(5)心理健康,意志坚定,情绪乐观,抗刺激和抗干扰能力比较强。

(6)对自然环境和社会环境的适应能力较强。

五、体质促进概述

体质主要包含体格、生理功能、身体素质和运动能力、心理发育以及适应能力五方面的内容。那么,体质促进的基本定义就是:通过各种有效手段改善体格和生理功能,提高身体素质和运动能力,进而影响心理发育与社会适应能力,以求达到体质健康的过程。

(一)体质促进的内容

通过对体质发展规律、影响因素等多方面的研究,人们认为,体质是可以控制的,可以通过体质促进的方法来改善体质状况。大学生正处于生长、发育的后期,所以在大学期间,科学、合理、有针对性地开展体质促进的教育活动,将十分有利于大学生身体素质的健康发展。体质促进的内容主要包括以下几方面。

（1）制订体质促进个人计划,明确体质促进要达到的目标,并按计划逐步实施。

（2）通过实践,掌握自己身体素质发展的规律,形成体质促进的有效手段和方法,促进体质健康发展。

（3）开展心理健康教育,促进个体感知能力、个性、意志、情感等方面能力的提高,也是体质促进的重要内容与方法。

（4）通过对内、外环境的适应能力和对疾病的抵抗能力的培养,掌握提高人体基本活动能力和适应自然与社会环境的能力,从而满足人们日常生活、学习、工作等方面的需要。

通过体质促进,人们想要达到的是一种理想的体质状态。理想体质是指在遗传的基础上,经过后天的努力,在人体形态结构、生理功能、身体素质和运动能力、心理素质、内外环境适应能力等方面,都达到相对良好的状态。

（二）体质促进的方法

根据锻炼目的不同,体质促进的练习方法与手段也就不同。例如:要提高肌肉的工作能力,需进行力量练习;要改善心血管系统、呼吸系统的功能,需进行有氧锻炼;为了提高身体柔韧性,需进行灵敏和协调素质的练习。人的个体差异、性别差异、年龄差异要求每个人必须根据人体的发展规律与自己的情况选择适合自己的锻炼方法和手段。只有选择了正确的方法与手段,才能真正达到增进健康、增强体质的目的,才能达到事半功倍的促进效果。

1.循环锻炼法

循环锻炼法是一种把各种类型的动作,具有不同练习效果的手段,组成一组锻炼项目,按一定的顺序,循环往复地进行锻炼的方法。循环练习的各个练习点、内容要搭配合理,动作要简单而且是已经掌握的,同时要规定练习次数和要求。

2. 重复锻炼法

重复锻炼法就是按一定负荷标准,重复进行某项练习,以获得健身效果的锻炼方法。

3. 间歇锻炼法

间歇锻炼法是指重复锻炼之间有合理的休整,是一种提高锻炼效果的锻炼方法。间歇时间的长短,主要以负荷的有效价值决定。

(三)体质促进的注意事项

在具体锻炼中,需注意以下几点。

(1)克服自身的生理和心理惰性,养成科学锻炼的习惯。

(2)每次锻炼都应达到运动负荷的有效价值范围,避免运动量太大或太小。运动量太大会导致运动疲劳,有损机体健康;运动量太小又达不到体质促进的预期效果。

(3)注意间歇时间的长短,要以负荷的有效价值决定,如负荷超过上限时,间歇时间就长,防止体力消耗过量;在下限时,间歇时间就短,锻炼密度应大。

(4)锻炼项目与内容要按由简到难的一定顺序,循环往复地进行锻炼。

(5)在锻炼的过程中加强器械、日光、空气和水的利用,多采取辅助性、诱导性和转移性的练习。

(6)在锻炼的过程中,采取变换环境、条件和要求等,也可以适时地调整锻炼方法和训练计划,以达到提高锻炼效果的目的。同时,要注意运动着装的色彩搭配、乐曲的选择,以提高锻炼情绪,强化锻炼意向。

第二节　健康观

一、健康的概念

在体质的相关研究中,健康是不得不提的一个重要因素,也是衡量和评价体质水平的一个重要标准。关于健康的概念,以往人们的理解为"健康就是没有病",这是比较片面的。现代健康的理解为:人体各器官系统发育良好,功能正常,体质健壮,精力充沛,有良好的劳动能力,有健全的心理、精神状态和良好的社会适应能力。

健康并不是单指一个人身体没有疾病或虚弱现象,而是指在身体、心理、社会与自然和谐统一的完美状态。进一步理解,一个人要想成为完全健康的人,就必须身体、心理、社会适应和道德都处于完美状态。

随着现代社会的不断发展,健康的内涵越来越丰富。一个人的社会适应性受到相关因素的影响和制约,其中。其生理和心理的素质状况则起到重要的决定性作用。

一般来说,一个人情绪的好坏还会对其生理功能的发挥产生重要影响。如果情绪状态良好,人的生理功能通常就能获得最佳状态;反之,各种问题和疾病就会出现。因此要将身体、心理、社会适应性等方面统一起来发展。

二、健康的要素

(一)身体健康

身体健康,首先是指身体没有疾病,其次,充沛的体能也是必要条件之一。体能是满足生活需要和有足够的能量完成各种活动任务的能力,同时,还能起到预防疾病,增进健康,提高生活质量的效果。

（二）心理健康

心理健康是在身体健康的基础上发展而来的,是个体在各种环境中能保持一种良好适应和效能的状态。

针对心理活动的正常与否的确定,心理学家提出了以下三条判断原则。

（1）心理与环境的同一性。

（2）心理与行为的整体性。

（3）人格的稳定性。

（三）社会适应能力

社会适应能力,就是指人在社会生活中对社会环境和各种社会角色的适应能力。社会适应能力的衡量因素有很多,除了基础的生理健康、心理健康和道德健康之外,良好的社会交往能力、工作能力和广博的文化科学知识;胜任个人在社会生活中的各种角色,创造性地贡献于社会,自我成就和自我实现,这些也都是良好的社会适应能力所包含的内容。

（四）道德健康

对道德的理解,可以是人的思想品德,也可以是人格的自我完善,社会文明的发展是离不开道德这一重要基石的。道德健康是在生理健康、心理健康的基础上发展而来的,并高于生理健康、心理健康。道德健康的基本标准是"为己利他",最高标准是"无私利他"。除此之外,道德健康的基本标准有以下几个方面。

（1）有坚定而完美的人格信念。

（2）作风正派,遵纪守法。

（3）坚持真理,敢于斗争。

（4）努力工作,乐于奉献。

（5）严于律己，团结群众。

（6）生活简朴，以苦为乐。

（7）对社会、朋友、家庭要善于承担责任。

（8）善于学习，努力进取。

（9）谦虚谨慎，戒骄戒躁。

（10）容纳他人的进步与发展。

（五）生殖健康

世界卫生组织对生殖健康的概念界定为：人类在整个生命过程中，与生殖有关的一切活动，应在生理、心理和社会适应诸方面处于良好的健康状态。由此，可以将生殖健康的内容归纳为：建立正确的性观念，避免未婚先孕、人工流产，做好性病与艾滋病的防治工作；要做好避孕节育、妇产科疾患、不孕不育、男性科疾患等性保健知识的教育。

三、健康的评价标准

（一）世界卫生组织制定的 10 条健康标准

（1）有充沛的精力，能够从容地应对工作和日常生活。

（2）积极的态度，能够乐观处事，愿意承担任务，不挑剔。

（3）具有良好的睡眠，善于休息。

（4）应变能力较强，对环境的各种变化能够适应和应对。

（5）对一般感冒和传染病有着较好的抵抗力。

（6）体重正常、体型匀称，并且身体各部分比例协调。

（7）眼睛明亮、反应敏锐，眼睑不发炎。

（8）牙齿牙龈正常，无蛀牙，没有疼痛感，牙齿洁白、无缺损。

（9）头发无头屑、光洁。

（10）走路轻松、有活力，肌肤有弹性、有光泽。

（二）身心健康的新标准

1. 生理健康标准

"五快"，即快食、快语、快走、快便和快眠。

快食：胃口好，吃饭迅速，不挑食。

快语：语言表达准确、清晰，说话流利。

快走：行动自如，步伐矫健。

快便：大小便通畅，便时无痛感，便后感舒服。

快眠：入睡快，睡眠质量高，醒后精神状况良好。

2. 心理健康标准

"三良好"，即良好的个性、良好的处事能力和良好的人际关系。

良好的个性：心地善良，处事乐观，为人谦和，正直无私，情绪稳定。

良好的处事能力：沉浮自如，客观观察问题，有良好的自控能力，能较好地适应复杂的环境变化。

良好的人际关系：能够助人为乐，不过分计较小事，待人接物宽和，与人为善。

四、"健康第一"理念

（一）"健康第一"理念的内涵

维护好自己的健康，对于所有的人来说，都是至关重要的，对于青少年来说也是如此。这也是当前"健康第一"的理念受到学校、教师以及家长等各个方面高度重视的重要原因之一。

众所周知，青少年体质水平的提升，通常是通过学校的体育教育来实现的，而学校中引入"健康第一"的理念，对于青少年的全面发展是非常有益的。因此，在具体的体育教育过程中，必须要坚持"健康第一"的理念,并且对身体健康的发展引起足够的重视。

（二）"健康第一"理念的贯彻

将"健康第一"的理念应用于体育教育过程中,是非常重要且必要的,在这一理念的指导下,青少年能将正确的体育观念建立起来,从而能更好地投入日常生活和学习中。

要贯彻好"健康第一"的理念,需要从以下几个方面着手。

1. 加强体育、卫生、美育的有机结合

青少年的体育健康教育中,一定要涉及营养、卫生等方面,在平时的教育过程中,也要注意将身体锻炼与卫生保健结合起来。因此,加强青少年的营养和卫生指导是非常重要的。

在现代体育教育过程中,要加强青少年的体育健康教育,使他们熟练掌握体育健康的基本知识,能够灵活运用预防与处理各种运动伤病的方法等。在日常学习中,要将青少年的青春期教育和心理健康教育作为关注的重点,对青少年身心的全面发展起到促进作用。

2. 培养青少年的健康意识和行为

在体育教育过程中,体育教师要根据本校的具体实际,结合青少年的身心特点及发展规律,将与青少年全方面发展的体育教学大纲和教材制定出来。与此同时,还要做好青少年体育运动锻炼的组织工作。在具体的体育教育过程中,要有针对性地加强营养学、心理学、保健学、环保学、身心健康等方面的知识教育。

五、亚健康

（一）亚健康的概念

近年来,"亚健康"作为一个新概念被越来越多地提及,但是,亚健康具体是什么,很多人都是一知半解。亚健康,实际上是一个新的医学理论,它是社会和科技的快速发展,以及人们生活水平提高的产物。

在现代社会生活中,人们不健康的生活方式和社会压力的不断增大,都会导致亚健康的产生。具体来说,亚健康是介于健康与疾病之间的一种动态变化着的中间状态,在健康—亚健康—疾病的动态变化过程中,亚健康处于中位。因此,这也就赋予了其更加显著的复杂性特点。

(二)亚健康产生的原因

1. 运动的规律性欠缺

生命在于运动,人体在发展过程中有很多共性。同时,个体差异也不可忽视。因此,健体强身应该是个体性很强的学问。健体无章、健体不当,对于人体的健康只能产生不利的影响。

2. 营养供应不足

营养供给程度如何,从很大程度上决定着人体的基本发展情况,同时决定着人体的健康状况。如果营养结构不合理,机体的发展就会受到影响,产生一些不良反应。因此,一定要尽可能避免营养不全的情况,不能只吃热量高的食品,否则会导致饮食热量过高,营养素不全,机体的代谢功能紊乱。

3. 生活方式不合理

不合理的生活方式,是导致"亚健康"的重要原因。吸烟、过量饮酒、饮食失衡、缺少运动、睡眠不足等这些不良的生活方式,都进一步推动了身体向"亚健康"状态演化的速度。

4. 心理平衡性欠缺

当前社会竞争激烈,人际关系错综复杂,很多人都会因此而出现心理失衡的情况,比如,思虑过度,心神不宁,从而导致睡眠不良,甚至会对人体的神经体液调节和内分泌调节产生影响,进而对机体各系统的正常生理功能产生不利影响。

5. 空气质量差

当前,在很多地方,尤其是大城市中,高层建筑林立,房间封闭,一年四季使用空调,这就会导致空气中的负氧离子浓度较低,使血液中氧浓度降低,组织细胞对氧的利用降低,影响组织细胞正常的生理功能。

6. 药品使用随意

药能用来治病,但这是在用药合理的情况下。如果用药不当,将对机体产生副作用,破坏机体的免疫系统。因此,一定不能随意使用药品,损害自身健康。

7. 各种噪声

随着科学技术的不断发展,工业生产效率大大提升,车辆和人口都大大增加,使很多居住在城市的人群生存空间狭小,噪声干扰也越来越多,这就导致了人体的心血管系统和神经系统会受到消极影响,导致人们非常容易产生烦躁、心情郁闷的情况。

(三)亚健康的状态表现

如果人们处于亚健康状态,他们往往会在生理、心理上有相应的一些现象表现,具体有以下几个方面。

(1)长期的精神紧张、脑力劳动过度会造成失眠、健忘、心悸、胸闷气短、精力不足、注意力分散,遇事紧张等各个方面的疲劳综合征。

(2)重病恢复期以及长期慢性病所引起的各种不适等。

(3)内分泌失调、更年期综合征及人体衰老,会导致盗汗、抑郁、头晕、目眩、烦躁、潮热、月经不调、性机能减退等现象发生。

从中医理论的角度来看,亚健康是"虚劳症精气不足型"。要想使其得到改善,应采用的中医手段主要为补气、强神、生血、填精、壮肾阳等。

（四）亚健康的改善

导致亚健康状况产生的原因有很多,亚健康对人体健康是不利的。因此,要采取各种措施,来有效改善亚健康的状态。

1. 保证膳食营养的全面性与合理性

最科学的食谱是能保证营养的均衡性的食谱。在日常生活中,要保证糖、蛋白质、脂类、矿物质、维生素等人体所必需的营养物质的摄入都能够在每天的膳食中出现。并且要把握好摄入的量,不能过多,也不能不足,这是因为食物营养和热量过剩会导致肥胖,而如果摄入不足,则会导致身体机能和新陈代谢能力降低,对身体健康是非常不利的。

2. 在生活上进行及时、恰当的调整

当前,人们由于工作等关系的影响,人际交往越来越频繁,应酬的概率也大大提升。但是,饭店的食品往往糖含量过高,而维生素和矿物质含量相对不足,这就会导致营养的均衡性欠缺。因此,就要求常在外就餐者应注意生活调节,并且平时多吃一些瓜果蔬菜以及豆制品、海带、紫菜等食物,以保证摄取营养的全面性。

3. 充分认识并合理利用碱性食物的抗疲劳作用

高强度的体力活动后,人体就会因为新陈代谢而产生乳酸、丙酮等代谢物,并且蓄积的数量过多,从而造成人体体液呈偏酸性,这也是人们有疲劳感产生的一个重要原因。为了迅速恢复体能,消除疲劳感,就要求人们多吃一些碱性食物,比如,西瓜、桃、李、杏、荔枝、哈密瓜、樱桃、草莓等,从而达到有效维持和调节体液的酸碱平衡的目的。

4. 及时调节不良心理状态

人在社会中生活,总会有一些不可避免的烦恼和痛苦产生。要想改善这种情况,就需要适当调整不良的心理状态,从而使心理平衡得到较好的维持。首先要对自己的生理周期有充分的了解和把握,每个人的心理状态和精力充沛程度在一天中的不同时间段是高低不同的。大多数人在午后达到精力的高峰,但这并不是统一的,仍然存在着个体差异。

5. 适当调整生活节奏

随着工作、生活压力的不断加大,持续而高强度的快节奏生活难免令人不堪承受,从而会引起疲劳、头痛、失眠等不适症的产生,这些都反映出了机体的超负荷运转,需要进行适当的调整与休息。而运动则是最好的调整方式。

第三节　健康促进

一、健康促进的概念

健康促进一词早在 20 世纪 20 年代就出现在公共卫生文献中了,几十年来,其所受到的重视程度更高。随着全球的迅速发展,健康促进也得到相应的带动,不仅内容上更加丰富,各专家学者对健康促进的理解也更加全面和深入。因此,有关健康促进的含义仍然在不断地发展和完善中。

总的来说,健康促进的概念中包含了非常丰富的内容,主要有以下几点。

(1)健康不仅仅是个人的事情,还是社会需要负责的重要方面。这就要求进一步扩展范围,从而以强有力的支持来对个人与社会健康起到促进作用。

（2）健康促进所针对的是个体、群体与社会生活的各个方面。这就是要求促进主动的健康行为，提高卫生知识水平，最大限度地动员，甚至强制人群自觉参与维护健康的活动。

（3）人类促进健康的过程中，所涉及的影响因素有很多，其中，环境因素所占据的地位是非常重要的，无论个人、集体还是社会，均要积极参与对环境的保护和改善，使环境成为人类获得健康的支持因素，才有获得健康的可能。

二、健康促进的内涵

健康促进的内涵通常可以从以下几个方面得到体现。

（1）健康促进所涉及的范围比较广，不仅包含整个人类的健康，还涉及人们生活的各个方面。当前，某些疾病或某些疾病的危险因素也是包含其中的。

（2）健康促进会对社会行为、生态环境、生物因素和卫生服务等健康的各种影响因素产生直接影响。

（3）健康促进在各个领域中都有广泛的影响，比如，卫生领域以及社会的其他各个领域，健康促进指导下的疾病控制已非单纯的医疗卫生服务，而应采取多部门、多学科、多专业的广泛合作。

（4）健康促进的工作主体除了卫生部门，还有社会的各个领域和部门。

（5）健康促进强调个体、家庭、社区和各种群体有组织地积极参加；组织机构的改变和社会的变革也是非常重要且必要的。

（6）健康促进是在大众健康生态的基础上建立并实施的，其强调的重点在于健康—环境—发展三者的整合。

青少年健康促进的内涵，强调的重点在于，充分组织和联系起所有有利于发展和促进青少年健康的因素，使它们之间能够建立广泛的合作关系。

总之，健康促进是通过借助教育、组织、法律和经济等手段，来对那些危害健康的生活方式、行为和环境进行干预，从而对人体健康起到促进作用,进而达到改变人类不健康的行为,改善预防性服务以及创造良好的社会与自然环境的最终目的。

三、健康促进的基本构成

通常来说,健康的来源是多方面的,主要为平衡膳食、良好的心理状态和科学运动,而健康促进也应该从这几个方面着手。可以说,健康促进就是由这几个方面构成的。

(一)平衡膳食

人体在维持生命的过程中,或者在各种活动中,都会在热能上有所消耗,而营养是提供热能的重要来源。因此,营养是维持人类生命活动的基础,其不仅能够产生能量,还能起到调节代谢、促进生长的作用。由此可见,合理膳食,平衡营养是维持健康的重要方面。

当前,人们的生活水平不断提高,在膳食结构上也逐渐发生了改变。但是,大部分的人仍然以鸡、鸭、鱼、肉占据大比重,绿色蔬菜占据小比重的膳食结构为主,这种具有高脂肪、高胆固醇、纯热量,维生素及纤维素严重不足的膳食,从营养的角度上来看是非常不科学、不均衡的,这就会加大心、脑血管疾病,肥胖症,糖尿病,胆结石等的发生概率,且发病年龄明显提前。

营养缺乏对人体健康不利,但是,也并不意味着营养过剩就是有利于健康的,营养过剩也会对人体健康产生不利影响。因此,保证合理的营养是非常重要且必要的,而这则需要通过平衡膳食来实现。

目前,我国人民所面临的亟待解决的一个重要问题,就是用现代营养学的知识来指导人们的一日三餐。具体来说,所谓的平衡膳食指的是:基本营养素配比适宜,所有的必需物质含量充足。许多国家或组织机构都制定了膳食供给量或安全摄入量的标准与建议,作为评价平衡膳食的基本依据。

（二）良好的心理状态

针对个体来说,心理健康是其在各种环境中能保持一种良好适应能力和效能的状态。一个人是一个生物体,同时是一个社会成员,这是其在社会中存在和发展的重要身份。可以说,一个社会人要想适应社会、融入社会发展的浪潮中,健康的心理是一个必须具备的基本条件。

一个人心理情绪的好坏会直接影响其生理健康状况。现代心理医学研究表明,一个人心情舒畅,精神愉快,中枢神经系统处于最佳功能状态,内脏及内分泌活动就会在中枢神经系统调节下处于平衡状态,在这样的状态下,身体健康就会得到保证。

心理学家通常会将人的情绪归纳为两大类:一类是愉快的情绪;另一类是不愉快的情绪。人之七情:喜、忧、怒、思、悲、恐、惊,是人体对外界环境的各种不同的生理反应,通常情况下是不会引起机体的病理变化的。但是,如果兴奋或抑制达到了过度的程度,那么,就会有导致机体疾病发生的可能性。

因此,良好的心理状态是获得机体健康的要素。

（三）科学运动

研究证实,如果在体育运动方面是欠缺的,那么,通常就会导致心血管疾病、癌症和糖尿病的发生,同时体重增加和骨质疏松也有发生的可能。而如果能够保持长期的体育运动锻炼,那么,中风的概率就会大大降低,各种类型癌症的发病概率也会大大降低,还能起到延迟并防止运动系统异常的发生,除此之外,还能够有效减轻轻度和中度的心理压抑症状,维持良好的心理健康水平。

四、健康促进的任务

健康促进的任务是多方面的,凡是与提高人们健康意识、健康水平有关的活动和事件都属于健康促进的任务的范畴。具体可以归纳为以下几点。

（一）积极转变健康观念

通过主动争取和有效促进，使领导和决策层的观念发展积极转变，从政策上给予大力支持，使健康需求得到满足，也使有利于健康的活动得到顺利开展，与此同时，还要将各项促进健康的政策制定出来。

（二）强化健康方面的责任感

需要强化的责任感，涉及很多方面，个人、家庭和社区对预防疾病、促进健康、提高生活质量都属于这一范畴。

（三）创造有益于健康的外部环境

健康教育和健康促进的重要基础在于广泛的联盟和支持系统，通过与相关部门的相互协作，共同努力逐步创造良好的生活环境和工作环境。把社区、工厂等建成如同世界卫生组织及世界卫生组织西太平洋地区所倡导的"健康促进学校"那样的"健康促进社区""健康促进工厂"等。

（四）做好健康服务工作

通过各项积极有效的措施，来大力推动医疗部门观念与职能的转变，使医疗部门的作用朝着提供健康服务的方向发展。

（五）广泛深入开展健康教育

在全民范围内，尤其在广大农民中深入开展健康教育。通过广泛的教育和积极的引导，使人民群众逐渐认识到健康的重要性，了解到健康获取的科学途径，从而破除迷信，摒弃陋习，养成良好的卫生习惯，提倡文明、健康、科学的生活方式，培养健康的心理素质，提高全民的健康素质和科学文化水平。

五、健康促进的基本特征

健康促进本身就是集所有改善人们健康状况行为为一体的活动过程。其基本特征可以大致归纳为以下几点。

（一）是以普及健康知识为中心的全民教育

健康促进得以实施的一个重要条件就是政府行为,在组织、政治、经济及法律上提供支持环境,它对行为改变的作用比较持久,并且约束性特点显著。

（二）涉及内容广泛

健康促进涉及的内容广泛,所有人群和人们社会生活的方方面面都属于健康促进的范畴。

（三）强调疾病预防

在疾病三级预防中,健康促进强调的重点在于一级预防(病因预防)甚至更早阶段,具体来说,就是使那些暴露于各种行为、心理、社会环境的致病因素尽可能避免,从而保证健康水平的全面提升。

（四）人群的主动参与

人群的主动参与是巩固健康促进成果的基础,而人们所具备的健康知识和观念是主动参与的前提条件。因此,就需要借助健康教育这一途径,来推动健康促进的开展与实施。健康教育是健康促进的基础。健康促进模式见图2-1。

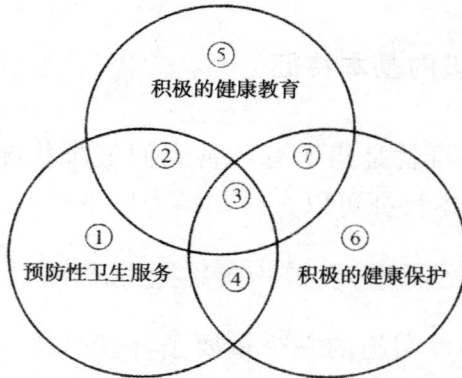

图 2-1

注：①预防性卫生服务。

②预防性健康教育。

③预防性健康保护。

④预防性健康保护的健康教育。

⑤积极的健康教育。

⑥积极的健康保护。

⑦以积极的健康保护为目标的健康教育。

（五）客观支持与主观参与相结合

客观支持，主要包括政策和环境的支持；主观参与则将个人与社会的参与意识和参与程度作为关注重点。由此可见，健康促进中，不仅有健康教育的行为干预内容，也有行为改变所需的组织支持、政策支持、经济支持等环境改变的各项策略。因此可以确定，健康促进是要求全社会参与和多部门合作的社会工程。

六、健康促进的主要活动领域

1986 年，在首届国际健康促进大会通过的《渥太华宣言》中明确指出，健康促进涉及 5 个主要活动领域，具体如下。

（一）制定能促进健康的公共政策

健康促进的概念界定，已经超出了卫生保健的范畴，健康问题不仅仅是卫生保健方面的问题，还应该成为各个部门、各级政府和组织的决策者的重要职责内容之一。

为了使人们能够科学选择健康的相关内容，健康促进提出了非卫生部门实行健康促进政策的要求。

（二）创造支持的环境

健康促进策略的开展与实施，是需要一定的环境因素的，具体来说，要求环境必须是安全的、满意的和愉快的。

与此同时，还要对快速变化的环境对健康的影响进行系统评估，从而使社会和自然环境对健康发展的积极影响得到保证。

（三）加强社区的行动

社区群众对于自身的需求，是有决定权的，同时，他们自己能够决定目标实现的路径和方法。因此，提高社区人民生活质量的真正力量是他们自己。

充分发动社区力量，积极有效地参与卫生保健计划的制订和执行，挖掘社区资源，为他们认识自己的健康问题提供帮助，同时，还要针对性地提出解决问题的办法。

（四）发展个人技能

个人的发展与社会的整体发展是同等重要的，需要通过提供健康信息，教育并帮助人们提高做出健康选择的技能来支持个人和社会的发展。如此一来，人们能够更好地控制自己的健康和环境，在生活中不断学习和掌握健康的相关知识，有准备地应付人生各个阶段可能出现的健康问题，并很好地应付慢性病和外伤。学校、家庭、工作单位和社区都要为此提供相应的帮助。

（五）调整卫生服务方向

健康促进中的卫生服务的责任,是由多个个体和部门来共同分担的,主要包括个人、社会团体、卫生专业人员、卫生部门、工商机构和政府。他们必须共同努力,将一个有助于健康的卫生保健系统建立起来。

七、健康促进的实施策略

健康促进的实施要通过一系列政策和策略来完成。因此,这些策略制定得科学与否,直接关系到健康促进的实施效果。

（一）制定健康促进策略的原则

健康促进策略,本身是一种健康促进的干预方法或者干预活动,其主要目的在于健康促进。策略与目标以及结果之间的联系是非常紧密的,在目标的指引下提出相应的策略,策略的运行则会产生相应的结果,这是一个逻辑发展的过程。由此可以得知,策略的制定是一项难度较高的但又相当关键的工作。因此,也有人将策略制定看作是"一项健康促进的艺术"。为此,在设计和制定健康促进的策略时,要遵循以下几个方面的原则。

1. 发展性原则

健康促进策略的制定,要遵循发展性原则,主要是指一定要充分利用创造性思维,并且一定要保证其有效性。所谓最有效者,指的是最适合执行者情况的,最容易达到目标以及最适合数据分析需要的健康促进策略。

2. 可行性原则

健康促进策略的可行性原则,就是指以保证健康促进策略的运行为目的,所必需的人(能力)、财(经费)、物(设备)等的具备程度,为验证所设计的策略的有效性与执行过程中的可行性。一般来说,是要对设计好的策略或策略活动在适当的范围进行预试验的。这里要重点强调的一点是,预试验的范围的确定需要对以后执行该策略的领域和人群对象进行充分考量。

3. 针对性原则

健康促进策略这一活动的主要目的是达到具体目标,为此,就要求一定要对策略与目标之间的逻辑关系进行经常性审查,并且要保证策略的运行具有可评价性。

4. 整合性原则

健康促进策略的整合性原则,指的是在筛选策略时,要使"就事论事"的倾向尽可能得到避免,单纯地为了某一策略而设计某项活动的情况是不允许的。正确的做法应该是从综合效果方面,将各种策略有机地结合在一起进行充分考虑,使其能够成为一个策略整体来发挥作用。

(二)健康促进实施的具体策略

健康促进是通过倡导、促成、协调和多部门的行动,其对于人民自身健康的提高和改善具有重要作用。健康促进要想达到这一目的,需要借助以下三个具体策略。

1. 倡导策略

有组织的个体及社会的联合行动,就是所谓的倡导。不管是对于宏观的社会经济,还是微观的个人发展,都必须以健康为基础,可以说,没有健康这一重要的资源,社会经济的发展和个人的发展都不可能实现。某种程度上,健康也是生活质量的重要部分。

所有的外部环境的种种因素,都会对健康产生影响。这种影响可以是积极的促进作用,也可以是消极的损害。通过健康促进行动,能够通过对健康的支持,使各种外部环境对健康产生积极影响。具体来说,倡导的举措有以下几点。

(1)倡导政策支持,卫生部门和非卫生部门对群众的健康需求和有利于健康的积极行动负有责任。

(2)倡导激发群众对健康的关注,促进卫生资源的合理分配并保证健康作为政治和经济的一部分。

(3)倡导卫生及相关部门去努力满足群众的需求和愿望。

(4)倡导支持环境和提供方便,使群众更容易做出健康选择。

2.赋权策略

赋权与权利和政治之间的联系是非常紧密的。健康是基本人权,健康促进则将实施健康方面的平等,缩小目前存在的资源分配和健康状况的差异,保障人人都有享受卫生保健的机会与资源作为关注的重点。从个体的角度出发,每个人要将自身的健康潜能充分挖掘并发挥出来,没有足够的权利是不可能实现的。因此,授予群众正确的观念、科学的知识和可行的技能,获得控制那些影响自己健康的有关决策和行动的能力,对于他们的健康促进有着不可替代的重要作用。健康促进的行动将缩小目前健康状况的差别,并保障同等机会和资源,以促使所有人能充分发挥健康潜能作为主要目的。

3.协调策略

健康的必要条件和前景不能寄托于外部环境的被动给予,而应该从自身出发,协调所有相关部门的行动。社会各界人士则可以以个人、家庭和社区的身份来积极参与。各专业与社会团体以及卫生人员,要将协调社会不同部门共同参与卫生工作作为己任。发展强大的联盟和社会支持体系以保证更广泛、更平等地实现健康目标。

第三章　青少年体质健康情况与健康中国建设

青少年是我国未来发展的希望和重要力量,是中华民族伟大复兴的重要生力军,同时关系到健康中国战略的实施。因此青少年的发展理应受到高度重视。本章主要调查与分析我国青少年的体质健康状况以及影响青少年体质健康的影响因素,同时深入细致地研究青少年体质健康促进与健康中国建设之间的关系。

第一节　青少年体质健康现状

近年来,青少年体质健康问题成为一个社会热点,甚至在全国两会上都屡次有过提议,由此可见青少年的体质健康问题引发了社会的广泛关注。本节重点调查与分析青少年体质健康的基本状况,并就相关问题进行一定的分析。

一、青少年身心发展特征

（一）青少年身体发展特点

对于青少年而言,他们的身体发育情况呈逐年成熟的趋势,有些身体指标已经基本与成年人无异。下面简要分析青少年的形体、神经系统以及性机能特征。

1.青少年形体特点

总体上来看,青少年的体格与体型已与成年人十分接近,他们的骨骼基本固化,坚固程度得到了明显的增强。经历了生长发育的高峰期后青少年身体外部形态的发展慢慢趋于缓和。因此,这一阶段,青少年的形体已经逐渐定型。

2.青少年神经系统特点

在青春发育时期,青少年的脑细胞正处于一个建立联系的上升期,其经过长期而系统的专业学习后,皮层细胞活动增长速度加快,神经元联系日渐强化,大脑皮层活动明显增多,大脑发育逐渐成熟。他们的神经系统发育程度与成年人已经没有什么区别。

3.青少年性机能特点

在青少年的生长发育阶段,出现了第二个高峰期,这一时期青少年的身体形态和神经系统的发展步伐逐步加快,性器官和性机能日趋成熟,男、女生的性别特征愈发明显,异性之间相互吸引,产生爱慕等情感。在这一阶段,青少年的情感表现非常复杂,需要家长和教师给予必要的引导和教育,才能促使青少年获得健康发展。

(二)青少年心理发展特点

随着青少年年龄的不断增长,其心理也随之获得不断发展,处于青春发育期的青少年的心理特点主要体现在以下几个方面。

1.抽象思维发展迅速但欠缺客观

抽象思维对于一个人而言非常重要,抽象思维可以说是一个人的重要能力素质。一般来说,抽象思维主要产生于理性认识阶段,人们在理性认识活动中将概念、判断、推理等思维形式运用于间接或概括地反映客观现实的过程中。青少年掌握和积累的知识较多,其抽象思维在丰富的知识储备基础上不断快速发展。青少年在思考和解决问题的过程中以辩证思维看待问题,这就是抽象思维的集中体现。是否具备良好的抽象思维能力成为衡量一个人能力的重要因素。

虽然青少年的身体发育水平与成年人相差不大,但总体而言,其抽象思维还不够成熟和稳定,带有一定的主观性和片面性。在某些情况下,其容易出现自卑、自负、行为偏激等现象,这是比较常见的一种态势,这与青少年缺乏必要的社会阅历有着一定的关系,需要青少年积累大量的社会经验才能不断改善。

2. 自我意识强烈但不成熟

自我意识是指人们对自己及自己与外界各种关系的认识。每一个人都有自我意识。对于青少年而言,他们处于青春发育末期即将踏入社会,他们希望社会可以关注并认可他们的学识及能力,而不喜欢被指指点点、过分干涉与限制,也讨厌别人将他们当孩子看待,这一阶段他们表现出强烈的自我意识,具有强烈的自尊心。

但需要注意的是,在这一阶段,由于青少年缺乏必要的社会生活经验,经常会导致他们片面地看待社会及各种问题,有些想法与行为还是充满孩子气,不够成熟,幻想色彩浓厚,与实际不符,这是他们缺乏成熟的表现。

3. 情感丰富,情绪波动明显

青少年的身心发展与成年人已没有明显的差异,处于青春发育阶段的他们更是散发着青春的气息,全身都散发着活力。大学就是社会的缩影,青少年在大学期间与来自全国各地甚至国外的同学打交道,情感体验越来越丰富,社交能力也不断增强,而且独自在外的青少年独立性较强,他们远离父母,更加珍惜师生之情与同学之情,情感浓厚。除此之外,随着年龄的不断增长,青少年的情感也日益丰富,爱情观日益成熟和强烈。

随着青少年年龄的不断增长,他们控制情绪的能力得到了明显的提升,但是他们在遇到比较大的刺激时,还是难以控制好自己的情绪,情绪波动较大,有时甚至会做出出格的行为,这是心理不成熟的表现。教师需要加以适当的引导,帮助青少年步入正常的发展轨道。

4. 性意识觉醒和逐步提高

处于青春期中期的青少年随着年龄的不断增长,心理发育也渐渐成熟,性意识得到了明显的增强,性意识的觉醒和提高对青少年产生了以下两方面的影响。

一方面,青少年在这一时期非常注重自我形象的塑造,追求个性化的发展。

另一方面,处于青春发育期的青少年性意识开始觉醒,对异性有了了解与接近的欲望,渴望能得到异性的关注和重视。

5. 意志水平提升,但缺乏必要的稳定性

有一些青少年,为了实现自己的理想和目标,通常会依据自身实际制订一个短期或长期的奋斗计划,按照这一计划学习或从事其他相关工作,为实现目标而不断努力,不断克服困难,表现出坚强的意志品质。这说明青少年随着年龄的增长,心理水平日益提高,意志力也不断提升。但需要注意的是,青少年的意志水平还缺乏一定的稳定性,在遇到一些困难和挫折时,有时会退缩、优柔寡断,自己不能做出正确的决定。这说明他们的意志力还不够顽强,也缺乏必要的生活阅历和经验。

二、青少年体质健康状况调查

(一)青少年身体形态状况

发展到现在,青少年的体质健康问题已成为一个热点话题。我国政府部门也给予了高度的重视。在现代科学技术快速发展的背景下,科学技术在带给人们便利与实惠的同时,给人们带来了不良的生活方式。受此影响,青少年的体质发展水平不容乐观,出现了各种体质健康的问题。其中,青少年的身体形态就是非常重要的一个方面。

在青少年各种体质健康问题中,体重异常是一个重要的方面。相关调查统计发现,只有六分之一的青少年体重在正常范围内,其他都处于体重异常的范围内,其中,超重、肥胖、低体重与营养不良是常见的体重异常现象。

另据调查,男性青少年肥胖者、超重者比例要比女性高一些,而男性较低体重者、营养不良者比例则要低于女性;女性青少年中非正常体重者占到多于五分之四,而男生中非正常体重者相较于女生来说,相差无几;女生的身高标准体重指数要稍好于男生。这就是青少年身体形态的基本发展情况。

(二)青少年身体机能状况

相关调查研究发现,近些年来我国青少年的体质健康水平不容乐观,尤其是心肺功能呈现出下滑的趋势。只有人体的各项机能得到发展了,身体各个系统的机能才能获得发展,比如,呼吸肌力量增强,胸廓运动幅度加大,能够使呼吸功能等得以改善;心肌力量增强,血管壁弹性增大,心血管功能才能得以改善与发展。

总体而言,青少年身体机能的状况,主要体现在三个方面,一个是肺活量,一个是心血管机能,一个是血压。

1. 青少年的肺活量状况

相关研究发现,肺活量体重指数优秀的青少年只占总人数的二十分之一左右,存在很多的不及格者。具体来看,肺活量体重指数不及格的大学男生比例比女生的比例要低一些,这与男生喜爱参与运动锻炼有关;绝大部分女生的肺活量体重指数占到良好以下,而体质健康突出问题的男生中肺活量体重指数良好以下者与女生相差无几,但比女生要略微低一些;由此可见,女生的肺活量体重指数比男生是要稍微好一些的。

2. 青少年的心血管机能状况

调查研究发现,我国很多青少年出现了心血管机能发展不良等问题,导致这一问题的主要原因在于青少年缺乏必要的体育锻炼。以处于青春后期的大学生为例,尽管大学中开设了体育课程,但需要注意的是,这些课程通常集中在一、二年级,在这一个周期,青少年的运动时间和运动强度都能得到一定的保证,通过体育课堂教学和课余体育锻炼,学生的身体机能都能得到很好的锻炼,身体素质也明显增强。但比较常见的一个现象是,随着体育课的结束,青少年就不再或很少再参加体育锻炼,这又导致其身体素质呈现下降的趋势。

3. 青少年的血压状况

每一名青少年都是不同的,都存在着一定的差异,他们的生活方式与知识构成与普通的青年群体有着明显的区别,高血压及高血压前期的发病与一般青年群体之间也存在着一定的差别。

调查研究发现,在非正常血压的青少年中,有极少数学生是低血压,其次是高血压,再次则是处于正常高值的学生。从性别上来看,体质健康突出问题的女生中非正常血压者占到了近四分之一,而男生中非正常血压者则超过了四分之一,由此可见,体质健康突出问题的青少年中女生的血压稍好于男生。

（三）青少年身体素质状况

身体素质在体质健康中是非常重要的组成部分,是人体在运动中所表现出来的力量、速度、耐力等身体基本状态和功能能力。

调查研究发现,青少年的身体机能和身体素质变化形态呈现为"山峰"状的发展状态。

1. 立定跳远测验

通过对青少年的体质测试发现,在立定跳远测验中,只有五分之一的学生是及格的。测验结果与性别也有一定的关系,其中,不及格的大学男生占男生总数的半数还要多、女生占女生总人数的比例与男生相差无几,要略低一些;体质健康突出问题的青少年中,立定跳远良好以下男生的立定跳远稍好于女生。

2. 其他测验

体质健康突出问题的青少年中,引体向上(男)/仰卧起坐(女)、1 000 米(男)/800 米(女)及格基本占五分之一。其中,女生比例比男生略高一些,不及格的男生则比女生要低一些。

（四）青少年的常见疾病

对于青少年而言,受生活方式、卫生条件、环境等多方面因素的影响,他们通常会发生一些疾病,在这些疾病当中,最为常见的便是近视和龋齿。

1. 近视

调查研究发现,我国青少年人群之中有半数以上的学生是近视的,其中,重度近视的学生占到总近视人数的半数以上,其次是中度近视学生,最后才是轻度近视学生。青少年的近视问题在性别上也有差异。体质健康突出问题的大学女生中,近视女生占女生总数的半数以上。而体质健康突出问题的男生中,近视男生所占的比例与女生差不多,只是略微少一点。由此可见,体质健康突出问题的青少年中男生的视力稍好于女生。

2. 龋齿

龋齿可以说是危害人体健康的常见病和多发病,世界卫生组织甚至把龋齿列于癌症和心血管病之后危害人类健康的第三种疾病。龋齿不仅造成严重的局部牙患,还会对食欲、咀嚼、消化、吸收和生长发育产生影响,除此之外,还有引起全身性疾患的可能性。

调查发现,在有体质健康问题的青少年之中,龋齿占到了总数的五分之二,其中最多的是中龋,浅龋、深龋、残冠要少一些。体质健康突出问题的青少年中,性别差异也是存在的,女性龋齿者要比男性龋齿者多一些。由此可见,体质健康突出问题的青少年中男生的龋齿状况稍好于女生。

第二节　青少年体质健康的影响因素

影响青少年体质健康的因素是多方面的,总体而言主要包括先天遗传因素和后天客观因素两个方面。下面展开具体的研究与分析。

一、生物遗传因素

生物遗传是影响人的各方面发展的最为原始的因素,这一因素主要包括机体成熟、老化及遗传作用,人体器官系统的功能水平,机体抵御致病因素的能力等。一般来说,人类健康直接受生物遗传因素的影响,人类很多疾病都是由生物遗传因素所决定的。生物遗传因素在其中扮演着十分重要的角色。

常见的生物致病源主要是一些致病性微生物和寄生虫,如蠕虫、原虫、细菌、病毒等。镰状细胞贫血症、血友病、蚕豆病、精神性痴呆等疾病与遗传因素有直接的关系,部分肿瘤、心血管疾病、糖尿病及某些精神障碍性疾病等疾病是遗传、环境和生活方式等各种因素综合作用的结果。

二、环境因素

环境因素是指人类赖以生存的自然环境(物质环境)与社会环境(非物质环境)。环境因素对青少年的体质健康也会产生极为重要的影响。

(一)自然环境

自然环境因素主要包括原生环境与次生环境两个方面。

1. 原生环境

原生环境主要指的是那些纯天然因素,如自然环境中的大气、水、土壤等,它们对人体健康的发展都是有利的。然而,需要注意的是,受地理、地质等因素的影响,有些地区的自然环境状况不理想,如水质较差,缺乏人体所需的微量元素等,这不利于人体健康的发展。

2. 次生环境

次生环境是指被工农业生产中形成的废物和人类生活中产生的废物所影响的环境。次生环境使人类生存条件发生变化,对人类健康造成严重危害。

(二)社会环境

社会环境是指人类在生产、生活和社会交往活动中形成的各种关系,主要包括生产关系、社会关系、阶级关系等,社会经济、政治、文化、教育、人口状况等都属于社会环境的范畴。此外,医疗服务、人们的行为方式等也属于这一范畴之内。

　　社会环境的发展也会对青少年的身心健康产生一定的影响。大量的实践与事实表明,某些疾病的发生、发展与社会环境之间有着直接的关系。现代社会各行各业都充满了竞争,对于青少年而言,他们也面临着巨大的升学与就业压力,在这样的环境之下,长此以往就会对青少年的身体健康发展产生不利的影响。

三、行为与生活方式

　　行为是指人们在一定的观念影响下而做出各种行动,人类在自身主观因素的影响下产生的外部活动。生活方式指的是人们长期在社会习俗、社会规范和家庭的影响下所形成的生活意识及生活习惯。随着社会的不断发展,人们的健康观也在不断改变,并逐步认识到人体健康受行为和生活方式的影响极大。为了促进健康、维护健康,必须形成科学的行为和生活方式,养成良好的行为习惯与生活习惯。这对于青少年的体质健康具有重要的意义。

　　不良行为与生活方式是导致许多疾病发生的直接原因。世界卫生组织指出,恶性肿瘤、心脑血管病、由环境污染所致的疾病、意外死亡等均与人们的不良行为及生活方式有关,如饮食不健康,不运动,滥用酒精,抽烟,吸毒等。除此之外,不遵守公共安全守则、交通规则等也有可能导致一些交通事故,出现危害人体健康的情况。

　　相关调查统计发现,近些年来我国肿瘤、心脑血管系统疾病的发病率和死亡率都比较高,这需要引起高度重视。为改变这一状况,青少年就要注意改变生活方式,努力养成良好的生活习惯和生活方式,每天都要保持积极乐观的情绪和心态,这样才有利于青少年的身心健康发展。

四、医疗与社会保健制度

医疗与社会保健制度也会对青少年的体质健康发展产生一定的影响。医疗保健主要是指普查疾病、治疗疾病、预防伤残与疾病、康复训练、促进健康以及健康教育等一系列活动的总和。社会保健制度包含很多内容，但首先要建立与健全最基本的卫生保健制度即初级卫生保健制度。通过建立该制度，能够针对某一区域人们普遍存在的卫生问题有针对性地提供卫生服务，从而有效防治疾病、增进健康。例如，在社区或者学校开展一些健康教育活动，改善基本的卫生设施、防治各种疾病等都能很好地维护人们的身心健康。

五、家庭因素

目前，我国有很多青少年都是独生子女，他们向来备受家长的宠溺。有很多青少年养成了懒惰、怕脏怕累的毛病，不能自己动手解决问题，意志力也较差。这对于青少年的健康成长是非常不利的。

除此之外，一个家庭的教育方式也会对青少年的发展产生至关重要的影响。一部分家长教育观念非常狭隘，对孩子的教育比较专制，通常采用简单粗暴的教育手段。这非常不利于青少年正确人格的养成。

（一）家庭教育的影响

孩子一生下来就受到家庭环境的重要影响，一个良好的家庭环境氛围会对孩子的一生产生重要影响。家庭可以说是青少年健康教育的重要场所，其身心发展受到家庭教育的重要影响。总体上而言，我国的家庭不太重视对孩子的健康教育，甚至还有一些对青少年身心健康发展有不良影响的现象出现在家庭中，如家庭教育方法不当直接影响学生身心发育与发展。家长为了让孩子在高考中取得好成绩,考上理想大学,将应试教育的模式搬到家庭教育中来,对智力教育过分关注,而对身心健康教育及体育教育则不够重视。有的家长溺爱孩子,有的家长又对孩子放任不管。总之,这些不良的教育方法会对青少年的身心健康产生极为不利的影响,会诱发各种健康问题。

家长的综合素质会对青少年的身心健康产生直接的影响,这一影响甚至是终生的,因此一定要非常重视青少年的家庭教育。家长的思想、行为会潜移默化地影响孩子,父母只有不断提升自身素质,积极主动地学习新知识,及时更新意识与理念,和社会时刻保持接轨,才能更好地促进下一代身心健康发展。品德高尚、心态平和的家长往往可以将各种复杂的人际关系处理好,这些家长教育出来的孩子往往也不会差。在高素质的家庭中成长起来的孩子,其发展会更全面、均衡,身心健康问题比较少,而且社会适应能力比较强。当父母综合素质差时,一些青少年就已经在起跑线上落后了,他们身心健康问题的产生与此有很大的关系。此外,家长与青少年是相互影响的,品质优秀的青少年也能给家长的思想与行为带来积极的影响。

总之,要想促进青少年身心健康发展,家长就要为其营造一个良好的家庭教育氛围,家长首先要从自我做起,不断提升自身的综合素质,为孩子树立良好的榜样,这样青少年才能潜移默化地受到影响,从而获得健康成长与发展。

(二)家庭环境的影响

青少年在成长与发展的过程中,会受到多种方面因素的影响,其中家庭环境就是非常重要的一方面。家庭环境对个人成长和发展的影响可以说是"润物细无声",而且这种影响的程度难以估量。一般来说,在良好家庭环境下成长起来的青少年往往更为健康,这突出表现在身体健康、心理健康和社会适应健康等方面。

在不良的家庭环境影响下,青少年的身心难以获得健康的发展。在这样的家庭氛围下,青少年的情感与个性的发展都非常不利。一般来说,孩子性格内向,遇事畏缩胆小,自卑心强,甚至有抑郁倾向,可能与家境贫穷有关;单亲家庭的孩子可能会有心理问题,甚至有些孩子无法正常学习与生活。由此可见,家庭环境对孩子的影响非常大。因此,对于青少年的身心健康成长,家长一定要高度重视。

在青少年身心成长的过程中,家长要努力为其营造一个和谐的家庭环境,这样能给青少年带来积极正面的影响,在这样的环境和氛围下,青少年能以积极的心态愉快地投入学习与生活之中。如果父母关系紧张,孩子成长中就会不断出现很多身心方面的健康问题,这些问题如果不能及时解决就会愈演愈烈,很多青少年的身心健康问题都是以前的遗留问题,只是现在更严重了。对此,家长要从自身做起,维持好同孩子之间的关系,及时解决孩子出现的各种身心健康问题,为孩子的健康成长保驾护航。

七、社会因素

在当前社会背景下,有一部分人由于缺乏社会规范的正确引导而导致行为失当,或者形成了不良的生活方式,这对于他们的身体健康是十分不利的。对于青少年而言,他们正处于确立人生观、价值观的关键时期,特别需要正确的引导,但因为现代社会生活环境比较复杂,所以青少年在自我价值确立中容易陷入矛盾,无所适从,失去方向。这对于青少年的身心健康成长都是十分不利的。

在现代社会发展的背景下,社会竞争越来越激烈,这就对各个行业的人才提出了更高的要求。在这样竞争激烈的社会环境下,青少年承受着未来就业与发展的压力,他们常常感到身心俱疲,缺乏安全感,久而久之他们就可能出现各种身心疾病。总的来看,我国大部分青少年都面临着以下三个方面的压力。

（一）市场经济的影响

伴随着我国社会主义现代化建设的逐步进行，我国社会经济水平飞速提高，人民群众的生活水平也得到了极大的改善。这对青少年的价值取向造成了一定的影响。

在激烈的社会竞争条件下，青少年的功利心普遍都很强。青少年要想很好地提升自己，只有不断学习知识，充实自己，提高自己的技能，并抓住机遇，通过合理途径获取一些成本，他们才有在社会竞争中战胜他人的可能。才能的形成是以知识为基础的，所以对青少年来说学习知识还是最为重要的。青少年想在社会竞争中脱颖而出，其实就是想实现自我价值，完成自己的理想，这也是激励青少年不断进步的重要动力，只有想在竞争中获胜的青少年才会为了自己的目标而不断拼搏、努力。社会上不管哪个领域的竞争都是比较残酷的，优胜劣汰是各行各业的人都必须遵守的原则，社会人际关系可能会因为残酷的竞争而变得冷漠，这也是司空见惯的。竞争也同样存在于大学校园中，学生主要面临的是学习和就业方面的激烈竞争。总之，社会竞争的一系列附属物出现在青少年群体的生活中，会给青少年的身心健康发展带来不利的影响。面对当前的社会经济发展背景，家长、教师与青少年一定要密切配合好，尽可能消除社会经济发展给青少年身心健康带来的不利影响。

（二）文化冲突的影响

整个社会是由不同文化所组成的，不同的文化存在着一定的差异。受此影响，不同的人形成了不同类型的人格，每个时代的人的人格及身心发展中都有当时的印记。我国传统道德文化的发展历史也是我国人民人格塑造与演变的历史，人格是历史文化与社会文化发展的产物。

在社会主义市场经济建设的今天，相比以往，人们的思维观念、生活方式等都发生了显著的变化，现代社会文化强烈冲击着传统道德规范。当代青少年是在比较复杂的环境中成长起来的,他们面临着多元化的社会关系,也受到多元化价值观念的影响,在不同的成长阶段接触不同的文化,不同的文化有时会给他们带来矛盾,如在汲取中国传统文化营养成分的同时受到西方文化的冲击。面对丰富而复杂的社会文化及社会环境,青少年的人格类型也越来越多样化和复杂化,而且因为中小学人格教育严重缺失,导致学生步入大学后缺乏健全的自我机能,无法有机协调主体自我和客观自我,这就造成了双重人格的情形。双重人格的青少年在日常生活和学习中会出现各种问题,妨碍其身心的健康发展。

八、个人因素

青少年身心是否健康发展,除了受其他方面的因素影响外,其个体因素也发挥着非常重要的作用。总体而言,个体因素主要体现在个体心理与个体生活方式两个方面。

(一)个体心理

一般来说,影响青少年身心健康的个体心理因素主要有以下几个方面。

1. 意识

有一部分青少年缺乏必要的锻炼意识与习惯,不常参加体育锻炼甚至从没有参加过体育锻炼。还有一部分学生虽然偶尔参加体育锻炼,但由于自身运动能力有限,在锻炼中感到力不从心,难以获得理想的锻炼效果。这两种情况对于青少年身体健康发展都是不利的。

2. 认知

从心理学上看,人的情绪和行为反应是由个体对应激事件的认知和态度所决定的,而不是由某一事件本身直接引起的。不同的人对同一件事情有不同的思维与看法,所以会产生不同的情绪体验,进而引起不同的行为反应和后果。因此,人的情绪和行为在很大程度上受到人自身思维与观念的影响,青少年一些情绪问题和行为问题主要是由不合理的认知或错误观念造成的。

3.人格

青少年身上的一些不良习惯或者身心疾病,有很多都是自己的人格缺陷造成的,这是非常重要的一方面。相关临床心理学研究表明,人的性格类型与身心疾病的发病率之间存在着一定的关系,个性与心理健康密切相关,良好的个性对身心健康非常有益,而不良的个性则容易诱发各种身心疾病。

(二)个人生活方式

在现代社会背景下,很多青少年都存在着不良的生活方式,这对于青少年的体质是十分不利的。常见的不良生活方式主要有吸烟、喝酒、无节制的上网、吃垃圾食品、不按时作息等。这些不良的生活方式严重影响着青少年的健康发展,需要引起重视。

第三节　青少年体质健康促进与健康中国的关系

一、从青少年开始实施健康中国建设举措

少年强则国强,青少年是健康中国建设的重要内容和生力军,加强青少年的体质健康促进与健康中国建设之间有着极为密切的关系。二者的目标是一致的,都是为了促进人们的身体健康发展。

青少年是祖国的未来,是社会主义现代化建设的后备力量,承载着祖国的未来和希望。因此,这就要求青少年必须拥有健康

的体魄,这是最为基本的条件,否则,民族兴旺、国家强盛将无从谈起。因此,实施健康中国战略是尤为必要的。

健康中国战略的实施,对于推动青少年体育运动开展,提升青少年的体质水平具有重要的意义。广大青少年要紧紧抓住这一历史机遇,立足当下,养成坚持参加体育锻炼的良好习惯,并且将其作为一种生活理念,在体育锻炼中,坚持不懈,在有效提升自身体质水平的同时,还能锻炼自己的意志品质,培养自己的团队协作精神。这对于青少年自身的健康发展以及社会主义现代化建设都具有重要的意义。

二、青少年体质健康促进的理论框架

为促进青少年体质健康的发展,还需要构建一个必要的理论框架,这样才能有效指导青少年参加体育运动锻炼。

（一）青少年体质健康促进的目标

体质健康促进主要是指运用组织或行政手段来积极协调社会各相关部门以及个人家庭和社会等各个方面,然后一起维护和促进健康。

青少年体质健康促进主要指的是身心的全面和谐发展,这是最为重要的内容。只有青少年的身心获得了全面和谐发展才能激发潜能,以良好的状态投入社会主义现代化建设中。

在青少年体质健康发展的过程中,要在满足他们体育需求的前提下,积极调动青少年参加体育运动锻炼的兴趣,使他们从心理上发生转变,动机也发生转化,提高他们主动参与体育锻炼的积极性。

国民素质的提高,社会的文明进步,都是以学校体育为依托的,全社会将各自的力量发挥出来,共同努力,才能使青少年体质健康水平得到有效提升。

现在,世界上众多国家都非常重视学校体育教育,学生教育目标和增进学生健康目标需要通过体育锻炼的手段来实现。学校体育突出了健康教育的思想,这也进一步将体育的本质体现出来,真正为社会的发展和进步做出贡献;而健康教育通过体育教育的形式,也进一步提升了主动性与趣味性。

另外,卫生与营养对于青少年健康促进也有着重要的意义。将卫生、教育、人力资源等行政部门联合起来,能够有效监测学生卫生与营养状况,从而对青少年体质健康起到积极的促进作用。

综上所述,青少年体质健康促进的总目标可以概括为以下几个方面。

第一,预测与分析青少年的体质健康需求。

第二,根据具体实际制订青少年体质健康促进计划。

第三,建立一个行之有效的青少年体质健康促进供给系统。

第四,构建科学合理的青少年体质监测体系。

第五,构建内容完善的青少年体质健康数据库。

(二)青少年体质健康促进的主体

一般来说,青少年体质健康促进的主体并不是单一的,而是多方面的,需要从不同的方面进行理解。

1. 宏观层面上的主体

宏观层面上而言,青少年体质健康促进的主体是指相关的一些行政部门,比如,体育部门、卫生部门、财政部门、文化部门、公安部门、人力资源和社会保障等部门等。

2. 中观层面上的主体

中观层面上而言,青少年体质健康促进的主体是指相关的一些事业单位和组织,比如,类型不同的学校、社区组织、体质监测机构、医疗卫生单位等。

3. 微观层面上的主体

微观层面上而言,青少年体质健康促进的主体是指一些参与其中具体工作的人员,比如,参与教学工作的体育教师,参与体质监测的体质监测人员,以及营养与卫生服务人员等。

(三)青少年体质健康促进的构成要素

青少年体质健康促进的构成要素主要涉及以下几个方面的内容。

1. 基本要素

青少年体质健康促进的基本要素主要包括以下几个方面,这几个方面缺一不可,不能忽略。

第一,多种形式的体育活动。

第二,良好的体育场地设施。

第三,良好的营养与卫生服务保障。

第四,科学的健康教育机制。

第五,完善的体质健康监测机构。

需要注意的是,以上这些要素并不是相互独立的,而是有机联合在一起构成一个完整的整体。

2. 核心要素

处于青少年体质健康促进的核心地位的要素是体育活动。青少年在速度、耐力、爆发力等方面的持续下降,将青少年在体育活动方面的不足直接体现了出来。体育活动是促进青少年体质健康最为积极、有效的方式。

3. 体育场地设施

体育场地设施是青少年参加体育锻炼的重要场所和物质保障基础。没有基本的体育场地设施,青少年的体育锻炼活动就难以顺利进行,无法取得理想的锻炼效果。

4. 营养与卫生服务

青少年参加体育运动锻炼还需要营养和卫生方面的保障,这方面是不可替代的重要条件,也是青少年体质健康水平提高的重要基础。要保证这方面的服务质量,需要学校、家庭和卫生单位相互配合,为青少年参加体育锻炼提供良好的保障。

5. 健康教育

健康教育在青少年体质健康促进中起着十分重要的作用。针对青少年,要有计划、有组织、有系统地开展相关的一些健康教育活动。通过这种方式,来使他们在采纳有益于健康的行为和生活方式上形成一定的自觉性,尽可能减少或者消除那些对健康产生影响的危险因素,保证青少年体育运动锻炼的顺利进行。

6. 体质健康监测

青少年体质健康的发展还少不了必要的体质健康监测。通过检测青少年体质状况,能够以检测结果为依据,对国民体质监测系统和数据库进行进一步的充实和完善,对青少年的体质发展趋势有更加全面和客观的了解,能有效促进青少年体质健康水平的提升。

三、健康中国建设中促进青少年体质健康的重要机制

健康中国是促进我国国民体质提高,推动社会主义现代化建设的一项重要战略,这一战略的实施对于提升社会大众体质水平,促进社会发展都具有重要的意义。青少年作为我国社会主义建设的接班人,是民族的希望,其体质健康对社会生产力、综合国力所产生的影响都是巨大的。现如今,我国青少年体质健康出现了诸多不容小觑的问题,这与青少年全面发展、社会大众的素质水平、我国体育事业长远发展都有着密切的关系。青少年体质健

康既受遗传因素影响,还与后天干预有着极为密切的关系。

为促进青少年体质水平的提高和加强健康中国的建设,需要建立一个青少年体质健康促进机制,这一机制的建立需要从决策、管理、保障、评价与监督等四个方面进行。

（一）决策机制

决策机制可以说是其他机制的基础,只有确定了正确的决策,整个健康中国战略的实施以及青少年体质水平提升的计划才能顺利进行。

决策的有效性,在很大程度上取决于其所制定的决策体系是否完整,其包含三方面内容,即权力结构、责权利关系、组织保证体系。

1. 权力结构

一般来说,权力结构的主要功能在于将一些权力关系直观地展示出来,并加以明确。这些权力关系涉及体育、卫生、教育等政府各相关部门。

首先,决策的主体要明确。决策主体具有多元化和多样性的特点,主要是指那些与提高青少年体质健康相关的部门和单位,对各个决策主体进行明确规定,主要目的在于使决策能力进一步增强,这有利于青少年体质健康水平的提升。

其次,权力分配要科学,这是保证决策民主性的必要前提。如果在这方面出现权力过分集中的情况,不仅与管理幅度原则是相悖的,也不利于与其他部门的配合与发展。

为制定好合理的决策,政府部门需要采取一定的措施,这些措施的实施是需要在其他社会组织力量的协助下进行的,同时,将其主导作用发挥出来。

2. 责权利关系

在现代社会背景下,任何事物的发展都需要遵循一定的规律,都需要有一定的制度做保障。青少年体质健康的发展也是如此。因此,就要制定相关的条例。为了保证该条例的可行性和科学性,要求制定者一定要在责任约束和权力保证以及利益推动的基础上来操作。需要注意的是,所制定的条例必须是正确和合理的,因此,就要求创建一个利益结构,使其可以和权力结构相互适应,使责任和权力以及利益相互统一。

3.组织保证体系

青少年体质健康促进的决策主体,有着一定的级别差别,不同级别的决策主体所履行的具体职责是不同的,而且青少年体质健康促进需要有一定的权力保证,对相应的组织也有一定的依赖性。

(二)管理机制

在青少年体质发展的系统中,管理机制的建立也是非常重要的。一个健全和完善的管理制度,对于健康中国背景下青少年体质健康促进有着十分重要的意义。

青少年体质健康促进的管理机制,可以大致划分为三个方面,即约束、激励、运行机制。不同机制的职责和作用有所不同。

1.约束机制

约束机制,实际上就是对青少年体质健康监管行为的修正与规约,通常包括以下三个方面。

(1)权力约束

权力约束是指对权力的约束,具体包含两方面内容:一方面,通过权力来约束青少年体质健康促进的管理和组织系统;一方面,约束权力的拥有与运用。

(2)利益约束

利益约束,是指有效调节卫生、教育以及体育等各级行政单位的利益关系,并且对利益因素进行合理有效的控制。

（3）责任约束

责任约束,是指对责任的约束,具体是指通过明确相关系统及人员的责任,能有效促进青少年体质健康的执行流程的优化与发展。

2. 激励机制

激励机制,就是通过积极的激励政策和措施来起到积极的督促作用。激励机制的方式主要有物质激励、精神激励、制度激励等。通过激励机制的实施,青少年能建立自觉参与体育锻炼的意识和习惯,从而提升体质水平。

在今后的发展中,我们可以鼓励社会力量融入促进青少年体质健康的活动之中,可以拿出适当的奖励,来激励那些贡献较大的个人或是单位。比如,可以设立国家体质奖,以此来激励那些获得最高健康百分比的学校或社区组织;设立个人体质奖来奖励表现突出的青少年。

3. 运行机制

运行机制,是指青少年体质健康的具体运行与操作方面的机制。这一机制涉及人力、财力以及物力等各方面的内容,其运行需要注意以下几点。

第一,要根据体育、卫生、教育、社会保障等相关行政部门之间的密切关系,制定出切实可行的制度。

第二,加强家庭、学校和社区之间的有机连接,实现共同发展。

第三,青少年体质健康促进的管理与实施需要一定的资金基础,因此需要进一步拓展投资渠道,吸引各种社会力量进行投资。

第四,明确青少年体质健康促进的利益诉求,构建相关的表达机制。

（三）保障机制

建立一个科学的保障机制对于青少年体质健康的发展具有

重要的意义。关于青少年体质健康促进的保障制度，提供保障的主体主要为学校、家庭以及社区等。这主要涉及人、财、物、机制以及信息资源等多方面的内容。

在青少年体质健康促进的保障制度中，处于主导地位的是政府，处于关键地位的是学校体育，社会体育则起到重要的补充作用。这三个部门之间要职责清晰，分工明确，相互配合，做好青少年体质健康的促进工作。

1. 明确政府的主导地位

政府在青少年体质健康促进的建设管理过程中所发挥的主要职能是公共服务职能，具体是指对公共服务制度的优化，以及保证公共服务均衡化的实现。因此，将政府在公共服务中的作用与地位明确下来是至关重要的。

体育公共产品有着非常广泛的范围，为提高青少年体质健康水平的体育服务也属于这一范畴中，政府在青少年体质健康促进中所能发挥的基本职能主要体现在以下三个方面。

第一，制定青少年体质健康促进的相关政策，并加以完善。

第二，在社会公众体质健康投入的人力、物力以及财力方面要有所加强。

第三，对各个执行单位实行监督，并采取宏观管理的方式，在将各方面的利益关系正确反映出来之后，要采取相应的措施来进行妥善协调与处理。

2. 充分发挥学校的基础性作用

在学校教育中，青少年体质健康的促进不是盲目进行的，需要有一定的政策和措施来保障。由此可以看出，学校在促进青少年体质健康方面具有基础性的显著地位和作用，是其他方面不可替代的重要方面。

学校与青少年体质健康促进之间有直接的关系。将学校的效用充分激发出来，会对青少年体质健康起到直接的促进作用。

具体来说,要将学校的优势和资源充分发挥和利用起来,如体育场地设施、健康教育以及师资等方面,同时要充分结合学生具体状况和家庭体育,广泛开展形式多样的体育运动形式,比如,体育表演、体育竞赛、体育锻炼等,使青少年能够为了促进自身体质健康水平的提升,而有针对性和选择性地加入不同形式的体育活动中去,为青少年健康成长提供有效的依据。

3. 重视社区体育建设

全民健身的实施,需要抓住的一个关键点就是青少年,可以说青少年是全民健身的根本与前提。青少年身心健康的维护,不能仅在学校中开展,社区的体育俱乐部、文体活动中心等也是重要的场所。一般来说,社区体育项目倾向于娱乐性、健身性、自由性,青少年接受和喜爱程度会比较高,这对于他们终身体育习惯的养成是有帮助的。

加强社区体育建设,要充分利用各种社会资源,还要在基础设施方面有所保障,比如,要在社区内修建相应的体育场地设施,保证锻炼需求。另外,在体育组织建设方面也要加强,适当引入一些社会体育指导人员。还可以与学校体育结合起来,充分利用学校的各种体育资源,这对于促进青少年体质健康的发展具有重要的意义。

(四)评价与监督机制

为促进青少年体质健康体系的建设,建立一个科学有效的评价与监督机制也是十分有必要的。通过这一机制能有效监督相关政府职能部门的政策制定、资金投入、人员配备等工作。它能够让管理制度、保障制度以及决策制度在青少年体质健康促进方面所起到的推动作用更加显著。

一个健全和完善的青少年体质健康促进的评价与监督机制主要包括以下三个方面的内容。

1. 灵活的反馈机制

为促进青少年体质健康的发展，不仅要建立青少年体质健康促进的监督网络，还要使其进一步完善，以达到畅通公民监督渠道，反馈人民评价的目的。

一方面，要定期优化监督机制，采取的优化措施主要有举报机制、信息监督机制等，这样能实现效用的最大化。

另一方面，要充分利用信息网络技术，开辟新的渠道，使其在便利、快捷方面体现出优势。当前较为典型的有：电子投票、电子民意测验、网上讨论等。对于学校而言，可以建立一个体质健康教育网站，针对青少年的体质健康问题进行全面的探讨与分析。

2. 科学的评价机制

为促进青少年体质健康建设，需要建立一个科学的评价机制。这一评价机制中的评价主体是多元化的，青少年、家长、教师等都属于评价主体的范畴。在评价的过程中不要遗漏了任何一个主体。

评价内容所涉及的范围也较为广泛，比如，体育场地设施状况、人员配备情况、资金投入、体质健康促进的满意度等。

3. 严肃的监督机制

监督机制的建立，能有效明确青少年体质健康促进过程中产生的问题，帮助青少年对健康问题加以重视。建立一个严肃的监督机制是非常重要的。

一方面，各部门要从自身出发，建立相关的监督组织并逐步完善，有效监督该过程中所涉及的人、财、物等资源。

另一方面，充分发挥大众媒体的作用，如报纸、杂志、网络和电视等都能起到一定的监督作用。这对于纠正青少年体质健康促进中的偏差行为具有重要的作用。

第四章 《国家学生体质健康标准》
与青少年体质健康测评

青少年体质健康水平关系到国家未来的建设,更关系到一个民族的发展前景。现如今,在我国青少年体质健康状况呈持续下降的趋势下,给予及时的干预是非常必要的。《国家学生体质健康标准》的制定与出台,就是国家对这一问题做出的及时反应。为此,本章就重点解析《国家学生体质健康标准》,并对其中的青少年体质健康测评方法进行分析。

第一节 《国家学生体质健康标准》

一、《国家学生体质健康标准》的前世今生

自中华人民共和国成立至今,党和政府对广大青少年的体质健康问题始终格外关注,体育发展和教育有关部门也一直致力于做好鼓励和推动青少年积极参加体育活动的工作,并为之提供必要的条件。不仅如此,国家为体育事业的发展和人民健康水平的提升还制定了《劳卫制》《国家体育锻炼标准》《大学生体育合格标准》《中学生体育合格标准》《小学生体育合格标准》及初中毕业升学体育考试办法等一系列法律法规,从而给予相关活动以法律保障。相关法律法规的制定与实施对增进青少年体质健康水平、促进我国学校体育工作开展产生的重要作用主要有如下

三点。

（1）对于鼓励和保障学校体育课程教学、体育课外活动等的开展起到了重要的促进作用。

（2）有利于培养学生形成终身体育的意识，帮助他们树立正确的体育观和健康观，以此培养他们经常参加体育运动的习惯。

（3）在法律法规的要求下，促使学校体育工作保质、保量、创新开展，同时有利于对学校体育工作的开展给予评价。

对学生进行体质健康的测量工作是学校体育教育中必不可少的一项内容，相关体质健康标准的制定也会随着时代的变化而做出完善和修改，它与我国社会背景，经济、文化、科技等的发展紧密相连，并且要符合国家对人才全面发展和培养人才的总战略。现如今，在新的社会时代下，新的《国家学生体质健康标准》应运而生，而细数中华人民共和国成立以来出台的《劳卫制》《国家体育锻炼标准》《学生体质健康标准（试行方案）》等制度与标准，几乎都为不同时期我国青少年的体质健康的测量与评价做出了贡献，同时为最新的《国家学生体质健康标准》的确定做足了积淀。因此，在分析《国家学生体质健康标准》之前，有必要对上述三项标准的发展历程予以了解。

（一）《劳卫制》

中华人民共和国成立的同时掀开了我国学校体育发展的新的一页。1950 年 8 月，我国向苏联派出中国体育访问团，在对苏联体育进行了全方面、多角度考察和学习后，引入了《劳卫制》，该制度于 1951 年在部分地区开始试行。在试行三年后，根据试行的情况以及苏联当时最新的经验，经我国政务院批准，发布了《劳卫制》暂行条例，后来又几经修改，《劳动卫国体育制度条例》及相关项目标准和测验规则最终于 1958 年获得正式公布。第一条就指出：“《劳卫制》是国家根据社会主义建设事业需要，对人民在体育锻炼上的基本要求而制定的，其目的在于鼓励人民积极参加体育锻炼，促进体育运动的广泛开展，提高运动技术水平，使人民身强力壮,意志坚强,更好地为社会主义建设和保卫祖国服务。"《劳卫制》将学生分为三级,为预备级(少年级)、第一级和第二级。预备级没有性别区分,而在第一级和第二级中则出现了性别区分,并且男生和女生也有若干年龄组。《劳卫制》中设置了一定的运动项目,多为对身体素质和身体机能发展益处较大的基础性项目。此外还包括一些如射击、手榴弹掷远、行军等与国防安全相关的运动和知识,这也是当时我国所处的国内外环境的一种真实反映。那一时期我国的各类资源异常匮乏,导致学校中缺乏足够学生使用的体育资源,学校的卫生条件也较差,学生的营养摄入也不足,这些都是关乎学生体质健康水平的大事,亟待解决。正是在这些社会背景和现实条件的局限下,我国的《劳卫制》艰难发展起来了,甚至其还对学校的体育教学工作起到了指导作用,其影响意义极为深远。不仅如此,它的实施还促进了包括学生在内的群众体育的开展,对全体国人的健康意识和积极参与运动的行为都起到了良好作用。

纵观《劳卫制》的起源与发展,我们可以看到其贯穿于我国政治、经济等特殊历史时期,过程中遇到过许多坎坷,但作为我国重要的针对青少年的体质健康保障文件,其在特定历史时期下仍旧发挥出了应有的作用,可谓开创了学生体质健康评价工作的先河,并为后来相关法规的制定积累了大量经验。

(二)《国家体育锻炼标准》

"文化大革命"结束后,我国重新确立了体育在学校教育中的重要地位。国务院于 1975 年 5 月批准了国家体委提出的《国家体育锻炼标准》(后简称《标准》),随即这一标准由学校落实。该《标准》曾在 1982 年和 1990 年进行了两次修改,并沿用了很长时间。为了巩固该《标准》的权威地位,我国于 1995 年颁布并施行的《中华人民共和国体育法》中明确规定:学校必须实施《国家体育锻炼标准》,对学生在校期间每天用于体育活动的时间给予保证。

20 世纪八九十年代,在这一时期我国各领域事业的发展都步入了新阶段,发展获得了新气象。特别是党的第十一届三中全会做出了把工作中心转移到社会主义现代化建设上来和实行改革开放的战略决策,使我国经济发展的前景变得一片光明,经济建设成效显著,因此需要更多的全面型人才予以支持经济建设。高水平人才致力于将科学技术转化为生产力,以此提高生产效率,这是确保社会物质丰盈的基础,同时是提升人民物质生活水平的必需。生产效率的提升和生产方式的转变,减少了过去人们长时间大负荷的体力劳动模式,这种形式不断蔓延甚至使人们的身体活动时间越来越少,为此,我国教育部、国家体育总局、卫生部、国家民族事务委员会、科学技术部等五部委(局)从 1985 年开始到 2005 年止,共同组织开展了面向全国学生的体质与健康调研工作,以期对我国学生的体质健康状况有一个全面了解。

《标准》的实施目的为鼓励以青少年、儿童为主的社会人员积极参加体育锻炼,以增强体质,提高运动技术水平,培养共产主义道德品质,更好地为社会主义现代化建设和保卫祖国服务。《标准》不光是针对青少年的,更是针对全体国民的,其在设定标准之时就对不同人群进行了分组,组别为儿童组(9 至 12 岁)、少年乙组(13 至 15 岁)、少年甲组(16 至 18 岁)、成年组(19 岁以上)。《标准》中安排的测试内容多为身体素质测试项目,其中多数与《劳卫制》中的项目相同,不同点在于删除了其中与国防安全相关的项目。在项目的选择上,《标准》中保留的是那些切实能对人们的体质有显著提升作用的项目,不求多而求精,如此既能方便人们练习,又方便测量成绩,同时还能为参与其他运动项目打下良好的基础。该项工作在日常主要由体育行政部门负责,在落实具体工作时则会协同教育部门共同完成。在日常生活中,还特别要求学校应将体育锻炼标准与体育课程教学和课外体育活动相结合。《标准》的推行对促进全社会关注个人体质健康,特别是青少年的体质健康以及学校体育工作的提升都具有极大作用。

（三）《学生体质健康标准（试行方案）》

进入 21 世纪以来,我国的综合国力有了极大的提高,人民的生活水平发生了翻天覆地的变化,越来越多的中国人开始享受科学技术和现代文明所带来的便捷、舒适的现代生活。现代文明在带给人们充分的物质享受的同时,给人类的健康带来了新的威胁。由于精神紧张、营养过剩、运动不足、环境污染等因素所引发的非传染性疾病在全球不断蔓延,处于"亚健康状态"的人群不断扩大。对于学生来说,升学压力大、睡眠不足正成为影响他们身心健康的重要因素;生活水平的普遍改善,热量、脂肪等摄入过多及食物结构的不合理,加之营养科学知识的宣传普及滞后,特别是沉重的课业压力使得学生余暇锻炼时间减少,导致了肥胖率的不断增加。

为了解决这些问题,适应社会发展以及人们对健康的迫切需要和对生活质量的不断追求,2002 年 7 月由教育部、国家体育总局联合下发了《学生体质健康标准（试行方案）》,作为《国家体育锻炼标准》在学校的具体实施,并在第一条指出了它的目的和意义:贯彻《中共中央国务院关于深化教育改革全面推进素质教育的决定》提出的"学校教育要树立健康第一的指导思想,切实加强体育工作"的精神,促进学生积极参加体育锻炼,养成经常锻炼身体的习惯,提高学生自我保健能力和体质健康水平。

"健康体魄是青少年为祖国和人民服务的基本前提,是中华民族旺盛生命力的体现。"这是中共中央国务院在当前的历史条件下,从我国人才培养和可持续发展战略的高度出发对青少年学生提出的基本希望和要求,也为研制《学生体质健康标准》确定了方向,同时,青少年学生的全面发展以及增进健康的问题已成为全世界所关注的热门话题。《学生体质健康标准（试行方案）》根据学生的生长发育规律,将测试对象按照年级分组,小学一、二年级为一组,小学三、四年级为一组,小学五、六年级为一组,初中和高中每年级为一组,大学为一组。该标准从身体形态、身体机能、身体素质等方面综合评定学生的体质健康状况,在测试内容中,选择了与学生身体的发展及身体健康素质关系最为密切的一些要素作为测试的内容。例如:新增加了"身高标准体重"这一指标对学生身体的匀称度进行评价,间接反映学生的营养状况,以引导学生及其家长和全社会来关注少年儿童的身体形态和肥胖(或营养不良)状况。

在《学生体质健康标准》试行过程中,对于引导学生正确认识和了解自己的健康状况,有针对性地进行身体锻炼起到了非常积极的作用。但是随着时代的发展,人们对自身健康的要求越来越高,标准需要不断发展完善,同时这些标准在实施过程中难免会出现一些这样或那样的问题。例如,由于《学生体质健康标准(试行方案)》中部分项目的评分标准较低,原本是想激发学生锻炼的兴趣和积极性,但有的学生却因为不需要过多努力就能及格,锻炼的积极性反而下降;此外,为了较准确地对学生进行测试并减轻教师负担,《学生体质健康标准(试行方案)》没有过多选用可用于锻炼的项目和内容,而是提出通过体育课中丰富多彩的教学内容来促进学生积极锻炼,从而提高测试成绩,但同时由于部分学校对体育课教学内容缺乏明确的要求,从而导致在一定程度上影响了学生的体质健康水平。2005 年全国学生体质与健康调研结果表明:学生形态发育水平继续提高,营养状况继续改善,低血红蛋白等常见病检出率继续下降,握力水平有所提高;但同时存在一些不可忽视的问题,如肺活量水平继续呈下降趋势,速度、爆发力、力量耐力素质水平进一步下降,肥胖检出率继续上升,视力不良检出率仍然居高不下。为扭转这种不利局面,切实加强学校体育工作,改善学生体质健康水平,教育部和国家体育总局组织专家在广泛深入调查研究的基础上,对《学生体质健康标准》进行了完善和修订。

二、《国家学生体质健康标准》出台的意义

（一）贯彻落实"健康第一"的指导思想

现代的学校教育不再像过去那样将学生考试的分数作为评判学生能力的唯一标准，而是在素质教育的倡导下积极培养学生的综合能力。体育具有非常重要的教育功能，经过长期实践发现它对于素质教育的实现有着巨大帮助，是素质教育的重要手段。在学校实施《国家学生体质健康标准》是积极贯彻落实《中共中央国务院关于深化教育改革全面推进素质教育的决定》所提出的"健康体魄是青少年为祖国和人民服务的基本前提，是中华民族旺盛生命力的体现，学校教育要树立健康第一的指导思想，切实加强体育工作"这一思想的重大举措。《国家学生体质健康标准》在学校体育教学中作为学生体质健康的个体评价标准和学生是否能够毕业的基本条件之一，起到了促进和激励学生积极参与到体育锻炼中去、促进学生体质健康发展的一种教育手段，引导广大青少年学生努力拥有健康的体魄和健全人格，将"健康第一"的指导思想落到实处，充分发挥学校体育在素质教育中的作用。

（二）满足社会发展对人体健康的需要

现代文明在带给人们充分物质享受的同时，给人类的健康带来了新的威胁。实施《国家学生体质健康标准》对于唤起尚未走入社会的学生的健康意识、改变学生不良的生活习惯和生活方式、促进学生健康的成长必将起到积极的作用。在他们的学生时代打好健康的意识基础和行为基础能够为他们日后走向工作岗位奠定良好的健康基础，这显然是非常有意义的事情。

《国家学生体质健康标准》的真正目的在于激励学生积极进行身体锻炼。《国家学生体质健康标准》采用个体评价标准，它对于影响身体健康较大的身体形态、身体机能、身体素质和运动能

力等要素均制定了针对性极强的测评内容,其中一些项目简便易行,有些项目则需要通过专业人员和器材才能得出测评结果。测评结果可以帮助学生发现自身的不足或个体差异,并以此作为促进学生主动参加体育锻炼的动机。最终使之成为具有正确的体育意识和健康的生活方式的高素质的社会主义建设者,使学校体育在促进国民健康素质方面起到应有的作用。

(三)发展和完善学生体质健康评价体系

拥有完善的学生体质健康评价体系是保证学生体质评价准确性的基础。《国家学生体质健康标准》是在继承了《劳卫制》《国家体育锻炼标准》的成功经验认真总结《学生体质健康标准》试行工作的基础上,根据当前学校体育工作中的有关问题,特别是从学生实际体质测验中发现的机能水平继续呈下降趋势的现状考虑,再参考国际上有关研究的成功经验和先进做法,对我国的《学生体质健康标准》进行了修改和完善,最终将完善后的标准定名为《国家学生体质健康标准》,并正式颁布实施。《国家学生体质健康标准》从建立和完善我国学校教育评价体系的目标出发,体现了学校体育的价值,对于评价学生的体质健康状况,引导学生积极锻炼有了新的发展。它回答了学校体育为什么要以"体质健康"为本和怎样以"体质健康"为本的问题,明确了"体质健康"是学校体育课程存在的根本理由。它的实施对我国深化学校体育改革,完善体质健康评价体系和素质教育的要求具有深刻的影响和深远的历史意义。

三、《国家学生体质健康标准》的制定原则

(一)客观性原则

在制定《国家学生体质健康标准》(以下简称《标准》)时秉承客观性原则,是要求即便是不同的测试者对学生进行测试,只

要按照《标准》中的要求实施测试,则结果的一致性都是值得信任的,是相对准确的。我国是一个幅员辽阔,地域差异较大的国家,处于不同地域中的学校的软硬件条件也有较大的差异。因此,为了能使学生体质健康测量工作顺利进行,并且获得最大的可信度,就必须要保证在《标准》制定之时就确保其秉承客观性的原则,如此才能使其不论在哪里使用,在哪个学校使用都是可行的。《标准》中设置的测评项目都是规范化的项目,有着详细的测试准备要求以及组织方法,只要依《标准》进行测量,就能获得一个有着准确定量的结果。

(二)可靠性原则

在制定《标准》时秉承可靠性原则,是要求对于同样一批受试者进行测试时,测量结果基本保持一致。在这种情况下,测试结果的一致性越高,证明《标准》的可靠性越强,如此推广这套《标准》才能显现出作用。从理论上说,当所有测试条件一致,其测量结果也应是相同的。当然,在实践中的测量总是难以做到两次都完全一致,就学生的身体状况来说也是处在变化之中的。此外,外部环境的一些微小变化也会导致测试结果的不同,但这种误差是被允许的,而误差的大小则是决定《标准》可靠性程度的重要因素。但总体上,只要结果围绕《标准》有细微的上下浮动都是被允许的,都不影响《标准》的可靠性。

(三)有效性原则

在制定《标准》时秉承有效性原则,要求是在对某一种特性进行测量后所出现的结果的准确程度。例如,短跑项目非常适合测量学生的腿部肌肉的爆发力,为此,就应选择 50 米跑这个项目来测量,不管反复进行多少次测量,其结果都是相对有效的,而若选择 1 000 米跑来测试该项目,则得出的结果的有效性就低。

在我国体育教育科研人员和众多一线教师的努力下,《标准》中的所有评价指标都具备很强的针对性,其针对的是我国学生的体质,并有专门的量化指标用以对其中某一方面做出有效的评价,由此也确保了《标准》的有效性。

(四)标准化原则

在制定《标准》时秉承标准化原则,要求是在《标准》的制定之初,所选择的测试项目和评价指标大量参考了国际通用标准。这有利于将对学生开展的体质测试的工作与国际标准接轨,进而便于国内统一标准,还便于在同领域工作中与国际之间的交流顺畅。然而在实际中,对国际指标仅限于参考,更多的还是依照我国学生的身心发育特点而定,两者之间的结合谋求了一个合理的平衡点,毕竟《标准》出台的出发点在于服务我国学生的体质健康测评工作。

(五)可选择性原则

在经过修订之后出台的《国家学生体质健康标准》并非所有事关测量的要素都是单一恒定的,其中还设置了一些备选测试项目。这类备选测试项目的安排的目的在于适配我国不同地区学校和学生的特点对测试的特殊需求。另外,还有一层目的在于丰富学生课余体育活动的内容,是一种对学生参与体育运动兴趣的培养与体育观的引导。

(六)连贯性和个别性原则

《标准》所采用的测试项目均以各年龄段的学生的普遍化能力为基础制定,绝大多数学生的测试结果都能被确定并记录适合被试的能力,如此可以最为便捷地进行纵向和横向的比对研究。这种类型的测量数据可以清晰地反映出不同个体之间的差异,同时还能够反映出同一个体在不同时期的个体自我差异。

《标准》的测试对象包含了我国从小学到大学的所有 16 个年级,所以不论学生处在哪一学习阶段,都有对应的测试指标对他们的体质健康状况予以监督,由此可以说这项《标准》保持了较好的连贯性。各级各类学校将定期对学生开展体质测试,并向上级部门上报测试结果,这将使相关部门对我国学生总体的体质健康状况有很好的了解,此后便可以根据这些数据对学生的体质健康状况采取适当的干预措施,以求保持良好的体育锻炼方法,或是对某些不合理的锻炼方法进行干预。除有关部门外,家长和教师在了解了真实的学生体质健康情况后也可以更好地引导他们科学锻炼和养成良好的生活习惯。而作为对自身最为了解的学生来说,通过测评数据再结合自身的实际情况可以最为清晰地洞察自身的优势和不足,这可以为其后面的努力方向做出引导,在一段时间的锻炼后再进行测试,将测得结果与上一次测试进行比较,还可以知道自己这一阶段的努力是否达到预期。

(七)可代表性和操作性原则

《标准》出台的最终目的是运用在实践当中。为此,制定时就要秉承可代表性和可操作性这两大原则。事实上,在相关测试内容和标准设计之初,研究人员就充分考虑到了可操作性的问题,这点可从测试项目的安排上看出来,这些测试都具备场地器材易寻,组织相对简单的特点。另外,《标准》中的测试项目均是在长期研究和经验汇总下确定的,可以说对于描述学生体质健康水平是具备代表性的。

第二节 青少年身体形态测评

一、身高

(1)测试目的:通过对学生的身高进行测试,将其与体重指标相结合,以此评定出学生的身体高度以及身体匀称度,从而评估学生的生长发育状况。

（2）场地器材：足够的空间；身高测量计。

（3）测试方法：在测试前确保设备摆放平稳，各项功能调试无误，如存在问题则应及时纠正。身高测量的误差应小于0.1厘米。

开始测试时，学生应赤足正直站立在身高测量计的下板上，身体足跟、骶骨部及两肩胛区应贴在测量计杆柱上，头部保持正直。测试者位于身高计右侧，降低水平压板至学生头顶上方，压板轻压学生头顶，然后读取数值。记录员首先要复述测试者读出的数值，然后在没有错误的情况下便可将这一数值记录下来。身高的测量以"厘米"为单位，数值要精确到小数点后一位。

二、体重

（1）测试目的：通过对学生身体的重量进行测试，将其与身高指标相结合，以此评定学生的身体重量以及身体匀称度，从而评估学生的生长发育状况。

（2）场地器材：足够的空间；体重计。

（3）测试方法：在测试前确保设备摆放平稳，各项功能调试无误，如存在问题则应及时纠正。体重测量的误差应小于0.1%每百千克。

开始测试时，男生着短裤，女生着短裤和文胸，学生应赤足正直站立在体重计上，待体重计显示的数值稳定后由测试者读出数值，记录员首先要复述测试者读出的数值，然后在没有错误的情况下便可将这一数值记录下来。体重的测量以"千克"为单位，数值要精确到小数点后一位。

第三节　青少年身体机能测评

一、台阶试验

（1）该项目测试的目的为检验学生在定量负荷后心率变化情况，评价学生的心血管机能。

（2）该项目所需的场地器材为台阶或凳子、节拍器（或录音机及磁带）、秒表、台阶实验仪。

（3）该项目的测试方法为男生用高 40 厘米台阶，女生用高 35 厘米的台阶。测验前测定安静时的脉搏，然后受试者做轻度的准备活动，主要是活动下肢关节。上、下台阶的频率是 30 次 / 分钟，因而节拍器的节律为 120 次 / 分钟。受测者按节拍器的节律完成试验。

测试步骤：被测试者从预备姿势开始，被测试者一只脚踏在台阶上，踏台腿伸直成台上站立，先踏台的脚下先下地，还原成预备姿势。

用 2 秒上、下一次的速度（按节拍器的节律来做）连续做 3 分钟。做完后，立刻坐在椅子上测量运动结束后的 1 分钟至 1.5 分钟、2 分钟至 2.5 分钟、3 分钟至 3.5 分钟的 3 次脉搏数。并用下列公式求得评定指数：

$$评定指数 = \frac{踏台上、下运动的持续时间（秒）\times 100}{2 \times （3次测定脉搏的和）}$$

计算结果包含有小数的，对小数点后的 1 位进行四舍五入取整进行评分。

二、肺活量

（1）该项目测试的目的为检验学生的肺通气功能。

（2）该项目所需的场地器材为电子肺活量计,干燥的一次性口嘴。

（3）该项目的测试方法为将肺活量计主机放置平稳桌面上,按工作键液晶屏显示"0"即表示机器进入工作状态,预热 5 分钟后测试为佳。令被测试者手持吹气口嘴,面对肺活量计站立试吹 1—2 次,首先看仪表有无反应,还要试口嘴或鼻处是否漏气。

测试时,受试者进行一两次较平日深一些的呼吸动作后,更深地吸一口气,向口嘴处慢慢呼出至不能再呼出为止,防止此时从口嘴处吸气。测试中不得中途二次吸气。吹气完毕后,液晶屏上最终显示的数字即肺活量毫升值。每位受试者测三次,每次间隔 15 秒,记录三次数值,选取最大值作为测试结果。以毫升为单位,不保留小数。

第四节　青少年身体素质测评

一、50 米跑

（1）该项目测试的目的为检验学生的速度素质、灵敏素质和神经系统的灵活性等发展水平。

（2）该项目所需的场地器材为 50 米跑道。测试者需使用到发令旗 1 面,口哨 1 个,秒表 1 个。

（3）该项目的测试方法为使用秒表测量学生 50 米跑的成绩。将学生两人分为一组进行测试,待学生准备完毕后,发令员发出出发指令,计时员开始计时,学生以最快的速度完成 50 米跑,以躯干先越过终点线为停止计时的依据。该测试以"秒"为单位记录成绩,数值精确到小数点后一位,若小数点后的第二位数非"0",则应进位到小数点后第一位。例如,11.15秒应读成11.2秒。

二、800米或1 000米跑

（1）该项目测试的目的为检验学生的耐力素质发展水平。

（2）该项目所需的场地器材为400米或200米田径场跑道。测试者需使用秒表。

（3）该项目的测试方法为将学生至少两人分为一组进行测试,待学生准备完毕后,发令员发出出发指令,计时员开始计时,学生以最快的速度完成800米或1 000米跑,以躯干先越过终点线为停止计时的依据。该测试以"分""秒"为单位记录成绩。

三、立定跳远

（1）该项目测试的目的为检验学生下肢肌肉的爆发力及身体协调能力的发展水平。

（2）该项目所需的场地器材为沙坑、丈量尺。沙面铺平后应与地面基本保持齐平。起跳线设置在距离沙坑不大于30厘米的位置。

（3）该项目的测试方法为学生两脚分开,站立在起跳线后。起跳时要确保两脚同时起跳,如出现垫步或其他动作则视为违例,成绩无效。立定跳远的成绩判定方式为测量从起跳线后缘起至跳跃着地点后缘止的垂直距离。每名学生拥有三次试跳机会,取最好成绩记录。

四、掷实心球

（1）该项目测试的目的为检验学生的上肢爆发力发展水平。

（2）该项目所需的场地器材为长度不低于 30 米的平整场地，在场地一段划出一条投掷线。重量为 2 千克的实心球 1 个。

（3）该项目的测试方法为学生站在投掷线后，两脚前后开立，双手持球举过头顶，稍后仰，准备好后即可发力将球投掷出去。投掷的全过程学生的脚都严禁踩线，投掷瞬间及之后踩线的，成绩视为无效。每人有投掷试投的机会，测试者取最好成绩记录。该测试以"米"为单位记录，取小数点后一位。

五、握力

（1）该项目测试的目的为检验学生的上肢肌肉力量的发展水平。

（2）该项目所需的场地器材为多形式的握力计。

（3）该项目的测试方法为学生自然站立，两臂放松下垂，选择更加有力的一只手，手持握力计，用尽全力紧握，每名学生有两次机会，测试者选择两次中握力计上显示的最大数值记录。该测试以"千克"为单位，保留小数点后一位。

六、引体向上

（1）该项目测试的目的为检验学生的上肢肌肉力量和耐力的发展水平。

（2）该项目所需的场地器材为单杠。

（3）该项目的测试方法为学生双手正握杠，身体处于离地状态，整体成直臂垂悬。待身体稳定后两臂用力向上引体，下颏高度超过横杠上缘算作一个有效次数。测试者记录下学生能够做到的达到动作标准的次数。

七、坐位体前屈

（1）该项目测试的目的为检验学生在静止状态下的躯干、腰、髋等关节可能达到的活动幅度,其反映的是相应位置肌肉、关节、韧带等的伸展性和弹性,以及身体柔韧素质的发展水平。

（2）该项目所需的场地器材为坐位体前屈测试计1个。

（3）该项目的测试方法为学生坐在地上,两腿伸直,两脚平蹬测试纵板,然后上体前屈,两臂向前伸直,尽力用手指向前推动游标。该项测试学生有两次机会,测试者选择其中成绩较好的一次记录。

八、仰卧起坐

（1）该项目测试的目的为检验学生的腹肌耐力发展水平。

（2）该项目所需的场地器材为垫子1块。

（3）该项目的测试方法为学生仰卧在垫子上,两腿弯曲约呈90°,两手背于头后。辅助者压住受测学生的踝关节。开始后学生起坐,两肘触及双膝即可被算作一次有效次数,每一次的仰卧还原要确保两肩胛触垫。测试人员在给出指令时开始计时,记录1分钟内学生完成的有效次数。

九、跳绳

（1）该项目测试的目的为检验学生的下肢力量和身体协调能力的发展水平。

（2）该项目所需的场地器材为平整的地面,秒表、发令哨和跳绳。

（3）该项目的测试方法为测试者发出指令后,学生开始跳绳,跳绳的方式为正摇双脚跳,测试者计数,每跳跃一次且摇绳一周算作一个有效次数,记录1分钟内学生跳的有效次数记录。

十、篮球运球

（1）测试目的：测试学生综合身体素质和篮球运球基本技能

水平。

（2）场地器材：测试器材包括秒表、发令哨、30米卷尺、标志杆10根，符合国家标准的篮球若干个；测试场地长20米，宽7米，起点线后5米设置两列标志杆，标志杆距同侧边线3米。各排标志杆相距3米，共5排杆，全长20米，并列的两杆间隔1米（图4-1）。

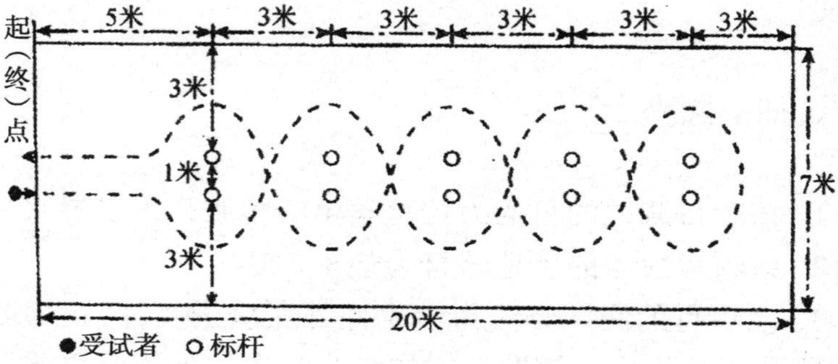

图4-1

（3）测试方法：学生在起点线后持球站立，听到出发口令后，按图中箭头所示方向单手运球依次过杆，每次过杆时需换手运球。发令员发令后开表计时，学生与球均返回起（终）点线时停表。每名学生测两次，记录其中成绩最好的一次。

①测试中篮球脱手后，如球仍在测试场地内，学生可自行捡回，并在脱手处继续运球，不停表。

②测试过程中出现以下现象均属犯规行为，取消当次成绩：出发时抢跑、运球过程中双手同时触球、膝盖以下部位触球、漏绕标志杆、碰倒标志杆、人或球出测试区域、未按图示要求完成全程路线、通过终点时人球分离等。

③学生有两次测试机会，两次犯规无成绩者可再测直至取得成绩。

十一、足球运球

（1）测试目的：测试学生综合身体素质和足球运球基本技能

水平。

（2）场地器材：测试器材包括符合国家标准的足球若干个，秒表，30米卷尺，5根标志杆；坚实、平整场地或足球场一块，测试区域长30米，宽10米，起点线至第一杆距离为5米，各杆间距5米，共设5根标志杆，标杆距两侧边线各5米（图4-2）。

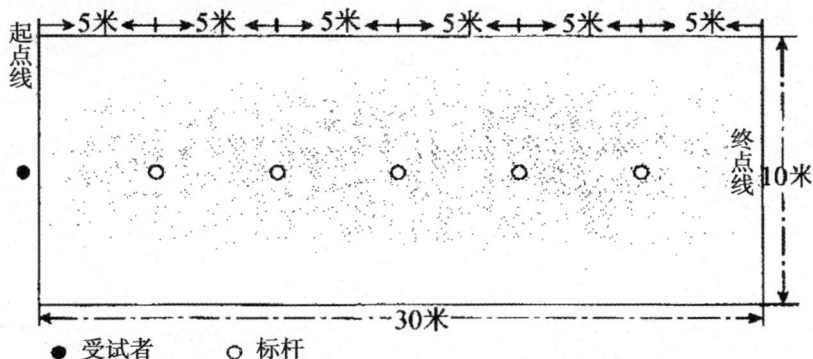

图4-2

（3）测试方法：学生站在起点线后准备，听到出发口令后开始向前运球依次过杆。学生和球均越过终点线即结束。发令员发令后开始计时，学生与球均到达终点线时停表。每人跑两次，记录其中成绩最好的一次成绩。

①测试过程中出现以下现象均属犯规行为，取消当次成绩：出发时抢跑、漏绕标志杆、碰倒标志杆、故意手球、未按要求完成全程路线等。

②学生有两次测试机会，两次犯规无成绩者可再测直至取得成绩。

十二、排球垫球

（1）测试目的：测试学生综合身体素质和排球基本技能水平。

（2）场地器材：测试器材为符合国家标准的排球；坚实、平坦的场地或排球场一块，测试区域为每人3米×3米。

（3）测试方法：学生在规定的测试区域内原地将球抛起，个人连续正面双手垫球,要求手型正确、击球部位准确、达到规定的高度,球落地即测试结束,按次计数。学生每次垫球应达到的高度,大学男生为2.43米,大学女生为2.24米。每名学生测试两次,记录其中成绩最好的一次。测试过程中如出现以下现象均只作为调整,不计次数:采用传球等其他方式触球、测试区域之外触球、垫球高度不足等。

第五章　青少年体质健康教育与管理研究

　　青少年体质健康教育的开展,对于健康中国战略的实施和推进都有着积极的影响和意义。因此,保证青少年体质健康教育的顺利开展是非常重要的。要做到这一点,除了要具备一些理论性的指导,还需要思想和政策上的支持,以及科学的管理。本章所分析和研究的内容主要有青少年体质健康教育的新理念与新政策、目标与要求、原则与方法,以及管理方面的理论及规划,由此,能对青少年体质健康教育及其管理有全面的了解与认识。

第一节　青少年体质健康教育新理念与新政策

一、青少年体质健康教育新理念

　　青少年体质健康教育是保证青少年理想健康状况的一个重要途径。青少年健康的全面发展离不开健康教育的开展,可以说,体育健康教育是为社会培养合格与优秀人才的有效手段。由此可见,青少年体质健康教育要将"健康"作为首要关注的重点,并且通过各方面举措来加以落实;要始终坚持"以人为本"的原则,在任何教育上,都要将"人"作为关注的对象,对于青少年体质健康教育来说,要对青少年进行重点关注。健康教育对青少年体质健康的关注,不仅仅局限于在校期间,即便青少年毕业后走向社会,也是健康教育关注的对象,仍然要对其健康负责,使健康教育能够对其一生都产生积极影响。

关于青少年体质健康教育的新理念,这里要对以下几个方面加以分析和阐述。

（一）"健康第一"理念

1."健康第一"教育理念的提出

时代在进步,社会在发展,人们的物质、精神文化生活也越来越丰富,在这样的背景下,人类的教育思想、教育理念也在不断向前发展和进步。

当前,人们关注的热点话题中,都不乏"健康"两个字。健康不仅成为人们生活中探讨的重要话题,同时如何增进健康,提升健康水平成为人们讨论的重要内容。体育教育不仅是传授知识和技能的途径,也是增进健康的重要途径和方法。

"健康第一"这一理念最早在我国提出是在 20 世纪 50 年代,1950 年 6 月 19 日,针对当时学生学业负担过重,体质下降的状况,毛泽东写信给教育部长马叙伦:"此事宜速解决,要各校注意健康第一,学习第二……"这是"健康第一"思想的首次提出。

1990 年 6 月,教育部和卫生部首次联合颁发《学校卫生工作条例》,依法将健康教育纳入学校体育教学。

20 世纪 90 年代,为了促进我国体育教育改革,"健康第一"理念被再次提出并引起重视。

2005 年,党中央国务院公布《关于深化教育改革全面推进素质教育的决定》,进一步明确"健康第一"的体育教育理念的重要地位与作用,

2010 年,在国家中长期教育改革和发展规划纲要征求意见稿中指出:"加强体育,牢固树立健康第一的思想,切实保证体育课和体育锻炼实践,加强心理健康教育,促进学生身心健康、体魄强健、意志坚强。"其中,就提出了在体育教学过程中要树立"健康第一"的理念。由此可见"健康第一"理念的重要性。具体来

说,要真正地使"健康第一"的教育思想落到实处,就要科学地将体育教学与健康教育有机结合,以此来将体育在素质教育中的渗透作用充分发挥出来。

在国务院制定"健康中国 2030"发展纲要的时代背景下,青少年的健康成长对于实现这个伟大的目标具有基础性作用,青少年永远承载了国家发展的希望和动力。然而,近些年来,青少年体质却出现了与全民物质生活极大丰富不同的下滑态势。究其原因,学校体育在健康教育理念方面的贯彻不理想是主要因素。对于学校来说,体育应该坚决贯彻"健康第一"的教育理念,不仅保证青少年体质健康教育的开展得以顺利进行,还要将其在青少年身心的全面发展方面所起到的作用充分发挥出来。

2."健康第一"理念在青少年体质健康教育中的落实

"健康第一"理念,对青少年体质健康教育提出了一个明确要求,即要将促进青少年的身体健康发展放在首位。

青少年体质健康教育对于青少年生理健康的发展应该起到积极的促进作用,在校期间,青少年能够对正确的体育健康观念有所了解、认识和掌握,使他们的身体素质和运动能力得到培养和提升,进而对参与体育运动锻炼在人体发展方面所起到的或者短期或者长期的各种影响有充分的了解与认识。

此外,通过青少年体质健康教育的开展与实施,要能达到使青少年对日常学习、生活等在健康体魄方面的需求有深入的理解,要积极转变观念,把参与运动锻炼作为一种自觉的行为,通过参与多种形式的活动增强体能、改善体质、提高运动能力、提高身体抵抗力。

(二)"以人为本"理念

1."以人为本"理念的提出

"以人为本"理念的提出,具有坚实的理论基础,即现代人本主义教育思想。20 世纪 50 年代以后,随着教育改革的不断推进,人们对教育的重视程度不断提高,已经认识到了教育对于技能的获得的重要性,当时人们对教育的认识主要表现为"教育工具化"。

随着社会的不断发展,科学技术水平也不断提高,人们的认识更加完善,"人"自身的重要性被越来越重视起来,所有的事情,都是在"人"的支配下进行的,不管组织什么样的活动,都离不开"人",最终也要落实到"人"身上,可以说,"人"是一切活动的基础。这对于现代教育以及健康教育都是如此。

2. "以人为本"理念的内涵分析

"以人为本"理念,主要是在历史唯物主义的指引下,通过与我国当前社会发展的实际情况相结合,针对其中的问题和不足,所制定出的一种重要思想观念。这种思想观念具有修正偏失、引领发展取向的重要社会价值。通过进一步的分析,可以将对人的"根本"地位的强调作为其核心内涵,具体理解为:人是社会发展的根本目的,同时,还要将人是社会发展的根本动力彰显出来。

3. "以人为本"理念在青少年体质健康教育中的落实

现阶段教育改革已经逐渐推进,也取得了一定的改革成效,这主要从人性化教育、人本化教育及教育的意义与价值方面得到体现。健康教育作为现代教育的重要组成部分,和上述几种教育形式一样,都需要一定的理念作为指导,而"以人为本"则是首要理念,为青少年体质健康教育的实施指引了发展的方向和未来走向。

人在活动中是重要的参与者,处于不可替代的主体地位。而在青少年体质健康教育中,青少年则是活动的主体,是教育的对象,所有活动都要围绕着青少年来进行。

青少年体质健康教育,将促进青少年健康的全面发展作为总的发展目标,这就要求在青少年体质健康教育中,一定要将引导青少年的参与体育运动作为关注的重点,同时,还要采取各项有效措施,来将青少年的体育参与兴趣与热情充分激发出来,为其终身体育打好基础。

对于青少年来说,他们参与体质健康教育的动力在于他们具有体质健康方面的需求,需求决定行动。由此可见,要想对青少年体质健康发展起到真正意义上的促进作用,关注青少年的健康需求是非常重要的一环。

新时代的教育是关注人的教育,"育人"是学校体育教育教学工作的最根本目标,学校体育教育(包括体育健康教育)应该把重心从单纯地追求青少年的外在技能水平向追求青少年的全面协调发展转移。

人要想获得全面的发展,是不能凭空而为的,其需要在具备健康体魄的基础上才能实现。这就要求在教育过程中,在青少年体育运动锻炼方面要进一步加大工作力度,使青少年在学习相关的运动锻炼知识、方法的同时,能熟练掌握相关的科学技能。除此之外,包括加强营养指导在内的与体质健康有关的一切知识与技能的教育方面也要进一步加强,使青少年能够对有效保证体质健康的营养、卫生保健、运动伤病预防、运动保健方法等都有充分的了解与认识,这对于青少年体质健康教育活动的开展与实施有着重要的保障作用。

(三)"终身体育"理念

1."终身体育"教育理念的提出

在我国以往的体育教育中,体育教师在教育侧重点方面的做法有所欠缺:通常只将学生对体育技能的掌握作为关注的重点,而对于其他更深层次的需求却是忽视的。相较于此,"终身体育"理念与现代体育教育是相契合的,其能够满足现代体育教育的需求。从严格意义上来说,"终身体育"理念不仅要求体育教师重新定位体育教育意义,还要积极转变教育观念,调整教育思路,通过积极的引导,使青少年能够逐渐形成良好的终身体育意识。

所谓终身体育,具体是指人从生命开始至终结,在整个过程中都要参加体育锻炼。也可以将其理解为是个体将接受体育教育和完成体育锻炼转化为一种终身性行为。终身体育的内涵在于:第一,个体在终身体育思想的引导下完成体育活动;第二,将体育锻炼和学习作为整个生命过程中的一项重要组成部分。

"全民健身"不断推进,并且已经上升到了国家战略的高度,党和国家、社会各界对健康发展的重视程度越来越高,体育作为一种健康的生活方式和手段,对于人们的身心健康起着积极的促进作用,在体育教学中,"终身体育"理念被明确提出,这是我国新时期体育教育改革的必然要求,也是新时期提高国民素质、建设体育强国、建设健康中国、实现民族复兴的必然要求。

2."终身体育"理念在青少年体质健康教育中的落实

"终身体育"理念在体育教育改革中的落实,主要从青少年"终身体育"意识的培养与建立上得到体现。

从我国青少年的发展现状来看,大部分青少年是没有形成长期运动锻炼的好习惯的。尽管当前倡导素质教育,但是很多青少年将闲暇时间用于玩游戏、上网、逛街等事情上,很少用于运动锻炼上。这就导致了我国青少年整体身体素质表现出较差的状态,因此,体育教师有必要通过体育教学的调整,帮助大学生形成终身体育意识,同时还要积极引导青少年养成参与体育运动锻炼的习惯,将体育运动健身锻炼纳入自己的生活,并坚持终身参与。

"终身体育"教育理念指导下,青少年体质健康教育不是只追求某一特定的运动技能和运动的熟练程度,而是科学认识和理解体育的价值,积极学会健康知识、促进健康的技能、保持健康的手段,坚定健康的信心和终身关注健康、参与促进健康的行为落实。

二、青少年体质健康教育新政策

当前,青少年体质健康教育已经成为我国近阶段高度重视的工作之一,不管在国家层面,还是地区、学校层面,都给予了大力的支持,当然这也包括政策方面的支持。其中,国家层面的体育教育相关政策,能够从整体上引导体育健康教育和社会健康教育的广泛开展。国家体育与教育政策也能充分说明当前和未来一段时期内我国体育与教育的发展方向。

(一)《全民健身计划纲要》

《全民健身计划纲要》(以下简称《纲要》)的颁布实施,是我国大众健身事业进入一个新的发展时期的重要标志,也是我国各项体育运动和健康教育发展的重要支持和依据。

从具体意义上来说,"全民健身"是一个具有综合性特点的健康概念与范畴。其中的"全民",指的是包含十几亿具有中国国籍的国民,不分老幼男女,不分南北东西,侨民也包含其中。"健身",则是指人的身心全面多维健康。

《纲要》作为纲领性文件,对于我国新时期全民健身事业的科学发展起到积极的促进作用,同时,对我国惠及全民的体育健身事业发展进行了有计划的科学部署(表5-1)。

表5-1 《全民健身计划纲要》规划

工程分期	工程细分	目标
第一期工程 (1995—2000年)	第一阶段 (1995—1996年)	进行宣传发动和改革试点,初步掀起一个全民健身活动热潮。
	第二阶段 (1997—1998年)	通过重点实施,逐步推进,形成崇尚健身、参与健身的社会环境和社会风气。
	第三阶段 (1999年—2000年)	全面展开全民健身计划的各项工作并普遍取得成效,建立具有中国特色的全民健身体系的基本框架。
第二期工程 (2001—2010年)	第一阶段 (2001—2005年)	把全民健身工作提高到一个新水平,基本建成具有中国特色的全民健身体系。
	第二阶段 (2006—2010年)	

2010 年 2 月,国务院颁布《全民健身计划纲要》第二期工程（2001—2010 年）规划,2011 年 3 月,国务院又颁布《全民健身计划（2011—2015 年）》。

《全民健身计划（2011–2015 年）》（国发〔2011〕5 号）为全民健身的开展奠定了领导和组织基础。

2016 年 6 月,我国颁布和实施《全民健身计划（2016—2020 年）》,全民健身上升到了一个新高度。

"全民健身计划"系列文件的推出,有效推动了我国健身事业的发展,同时,这对于社会各方面的发展有着重要的现实意义。

（二）《"健康中国 2020"战略研究报告》

2012 年 8 月 17 日,"2012 中国卫生论坛"上,卫生部部长陈竺代表"健康中国 2020"战略研究报告编委会发布了《"健康中国 2020"战略研究报告》。

《"健康中国 2020"战略研究报告》包括总报告和以下 6 个分报告。

（1）《促进健康的公共政策研究》。

（2）《药物政策研究》。

（3）《公共卫生研究》。

（4）《科技支撑与领域前沿研究》。

（5）《医学模式转换与医药体系完善研究》。

（6）《中医学研究》。

从上述这些内容上来看,《"健康中国 2020"战略研究报告》中,广泛研究并探讨了健康以及与健康有关的卫生、科技、医学等内容,这也从某种程度上将当前我国对民生健康的关注充分体现出来,民生健康、国民健康是党和国家关注的重点课题,是国家与社会发展的重中之重。

（三）《"健康中国 2030"规划纲要》

2016 年 8 月 26 日,中共中央政治局会议中审议并通过《"健康中国 2030"规划纲要》。

2016 年 10 月 25 日,中共中央、国务院发布的《"健康中国 2030"规划纲要》中指出,要"促进全民健身与全民健康的深度融合",为新时期我国进一步推进"健康中国"的建设,进一步提高人民健康水平指明了新方向。

为了使健康教育得到进一步的加强,《"健康中国 2030"规划纲要》将以下两个方面作为工作重点来加以关注:一方面,要提高全民健康素养,完善基层健康服务体系;另一方面,要加强青少年健康教育。通过体育教育的开展,对青少年的终身体育意识进行培养,也使他们养成良好的体育健康锻炼行为,提高体育运动能力,并通过青少年来对其家庭成员的体育健康参与产生相应的影响,换言之,就是通过体育健康教育来为全民健康教育的实施提供助推力。

在我国关注人民群众健康、关注民生健康事业发展的大背景下,体育健康教育在各个领域广泛开展,青少年体质健康教育是全社会关注的焦点,青少年体质健康教育的良好开展也必将起到良好的带头和示范作用。

(四)《中共中央国务院关于加强青少年体育增强青少年体质的意见》

2007 年 5 月 7 日,《中共中央国务院关于加强青少年体育增强青少年体质的意见》正式颁布,其主要目的在于进一步加强青少年体育锻炼,使青少年体质得到有效增强。

在新时期,以 2008 年北京奥运会为契机,加强青少年体育锻炼,对青少年健康成长起到积极的促进作用,对于大力推进素质教育,培养社会的合格建设者和接班人具有重要意义。

第二节　青少年体质健康教育的目标与要求

一、青少年体质健康教育的目标

青少年作为健康教育的主体,所有健康教育活动的开展都要围绕着青少年来进行。另外,体质健康教育,是一种特殊的教育行为,传授体质健康知识、建立卫生行为、改善环境是其核心内容,都会不同程度上影响其整体效果。因此,不可忽视任何一方面的内容。

学校中开展的体质健康教育,所针对的对象就是青少年,因此,在体质健康教育过程中,一定要遵循计划性、目的性、组织性和评价性原则。

通常,青少年体质健康教育的目标可以大致分为两个方面。

(一)总体目标

(1)要使青少年掌握健康的相关知识,其中包含重要的卫生保健知识。

(2)要使青少年逐渐形成维护健康的责任,并形成积极主动的自觉性。

(3)在日常的学习和生活过程中,青少年一定要自觉选择那些健康的生活方式和行为。

(4)青少年要从自身出发,有效学习和提升自我保健及对疾病预防的意识和能力。

(5)有效改善和提升自身的生活质量。

(二)具体目标

在总体目标的指引下,青少年体质健康教育的具体目标是有效实施的具体细分,其又可以进一步分成以下两个方面。

1.近期目标

(1)要做好意外伤害和传染病等的预防工作,避免损害健康的情况发生。

(2)青少年在学校接受教育是其基本义务,因此保证学业顺利进行并完成非常重要。

2.远期目标

(1)将对无形肿瘤、高血压、糖尿病等慢性非传染性疾病作为预防的重点,保证身体健康。

(2)在日常生活中,要在保证健康的前提下,有效提升生命质量,使生命的长度得到保证。

二、青少年体质健康教育的要求

在将青少年体质健康教育的目标确定下来之后,就需要通过各种方式和途径来加以实施,从而使目标得以实现。具体来说,要做到以下几个方面的要求。

(一)树立现代健康意识

意识会对行为产生引导作用,因此树立现代健康意识,对于青少年来说是有重要意义的。由此,他们能够真正认识到,健康不仅仅是指生理上的健康,即躯体无病、体格健壮,在心理素质和社会适应能力方面也要保持良好的状态和水平,这样才能对全社会关心健康、关心疾病的预防工作起到积极的促进作用。

除此之外,社会决策也会对青少年的健康产生影响,其中,对健康的维持、促进和改善是较为主要的方面,可以说,社会决策的实施对于青少年体质健康教育是有着积极的推动作用的。

（二）了解卫生保健知识

21 世纪，对人才的重视程度是非常高的，可以说，人才是发展的决定性因素。青少年要紧抓这一时代发展脉搏，掌握一些生命科学的相关知识、发展现状和趋势，以及当今社会面临的各种生命科学问题以及随之而来的生物学伦理问题。这是非常重要且必要的。

除此之外，青少年所必须掌握的知识还涉及卫生保健知识和急救常识，养成良好的卫生习惯，其中，比较重要的有用脑、用眼、起居、运动、环境、心理、性、饮食营养等方面。不仅如此，青少年还要将这些习惯应用于生活中，做到身体力行，从而使自身的自我保健能力得到有效提升。

（三）明确不健康行为与生活方式

对于很多青少年来说，他们对生活方式和行为方式的理解和界定都比较模糊，或者说无法对生活和行为的好与坏做出准确的判断。比如，有些青少年觉得吸烟、酗酒、饮食营养不均衡等都是正常现象，有些青少年在体育运动和心理应激方面则较为欠缺。因此，这样就会导致他们对不健康的行为和生活方式的认识不够全面和深入，这对于他们的健康是不利的。这就需要他们通过体质健康教育，来达到逐渐改变不健康行为和不良生活方式的目的，同时使由此而产生的对健康的伤害尽可能得到避免。

（四）自身建立增进健康的责任

对于青少年来说，要想成为一个对社会有用的人才，需要具备全面的素质，其中，健康意识是首要也是最重要的内容之一。除此之外，还要将自身在增进健康方面的责任和使命有深刻的了解与认识，从而有效增强他们对健康维护的自觉性与责任感。从青少年自身的角度出发，他们对自身健康的维护，实际上也是对自己负责；从宏观角度上来说，对社会发展是有益的。

（五）不断探索新的教育模式与体系

关于青少年体质健康教育的成果，只有经过相应的衡量和检验，才能够进行评价。通常衡量和检验青少年体质健康教育的成果用到的标准和指标有很多，比如，所掌握的卫生保健知识如何，养成了什么样的卫生习惯，形成的生活方式科学与否，是否已经有效改善了体质健康状况以及改善的程度是怎样的，等等。

除此之外，在青少年体质健康教育过程中，为了保证教育效果的理想化，还要不断充实教育内容，改进教学方法，总结和交流教育经验，积极探索，从而将具有中国特色的青少年健康教育模式和体系建立起来。

（六）促进社会主义精神文明建设

社会主义精神文明建设的任务有很多，其中之一就是提高全民族的科学文化水平，提倡文明、健康、科学的生活方式，克服社会风俗习惯中存在的愚昧落后的东西。[①] 这也与青少年体质健康有着密切的关系，因此，青少年体质健康教育活动的开展，是能够积极促进社会主义精神文明建设的推进的。

第三节　青少年体质健康教育的原则与方法

一、青少年体质健康教育的原则

关于体质健康教育，从字面上来看，就涉及体质、健康、教育三个方面，这就赋予了其综合性和复杂性。因此，要想更加深入地分析和理解青少年体质健康教育，可以将其看作是一个系统工程，而对其进行的分析和探索，则是对一项意义重大的系统工程

---

① 毛亚杰.大学生健康教育[M].北京：北京理工大学出版社，2014.

的剖析与解读,并且在这一过程中,要将科学性、系统性、知识性、专业性等充分体现出来。要做到这一点,就要求青少年一定要积极参与这项工作,并且将自身的能动性充分发挥出来,在采取科学的方法和态度的基础上,遵循学校教育的一般原则以及体质健康教育的特有的原则,从而保证最后所得到的教育效果是非常理想的。

具体来说,在开展青少年体质健康教育的过程中,需要遵循以下几方面的原则。

（一）教育性原则

教育性原则,就是指通过教育的方式来对青少年体质健康教育活动的开展进行积极的指导,同时对青少年学生进行精神指引,使他们能够在培养出积极进取的精神的同时,能在人生观、价值观和世界观的建立方面给予有效帮助。

在青少年体质健康教育过程中遵循教育性原则,首先要明确其指导思想为马克思主义辩证唯物论。与此同时,还要对中国的实际情况和中华民族的文化特色加以考虑,只有这样还不够,还要对西方国家体质健康教育方面的理论、观点、技术方法等进行针对性的选择和应用,将所有这些综合起来,才有可能达到理想的教育结果。除此之外,重视正面的启发教育和积极引导,对青少年积极参与体育运动锻炼起到督促作用。

青少年的体质健康问题,不仅仅会出现在学习过程中,在日常的生活和社会交往过程中,也都会涉及种类各异的体质方面的问题,并且这些问题所产生的影响也是各异的。因此,对于教育者来说,应该在进行客观分析的基础上,做到明辨是非,并且为青少年在端正看问题的角度,调整看问题的方法等方面提供相应的帮助。除此之外,还要提供给他们解决问题的建议,使青少年能够尽快通过各种方式来有效锻炼和提升自身的体质水平。

（二）保密性原则

保密性原则，就是要求教育者对青少年体质健康教育过程中的所有内容都加以保密，使青少年的个人隐私和名誉得到良好的维护及在法律上得到保障。

对于青少年来说，体质健康与否，对于他们的自尊心有着非常大的影响。通常，他们都会敏感地认为体质不健康或者体质健康程度不高会矮人一等，他们对于体质健康方面的问题，习惯于偷偷去想办法解决，自己去看医生或者通过其他不为人知的渠道去解决，这通常不会取得理想的解决效果，甚至有时候会导致意外事故的发生。对此，教育者一定要对所有这些信息保密，这不仅是责任，也是重要义务。不仅如此，还不得对外公布求助青少年的姓名，拒绝任何关于对求助学生的调查，尊重求助青少年的合理要求，等等。

事实上，保密性原则是青少年更加客观地了解体质健康教育并乐于接受这一途径的重要保障，是鼓励青少年畅所欲言和建立相互信任的重要基础，同时是对青少年隐私的最大尊重。

在青少年体质健康教育过程中要做到良好的保密效果，需要对以下几个方面的事项加以注意。

（1）在进行社交闲谈的过程中，切忌涉及所教育青少年的相关资料和信息。

（2）教育者在教育过程中，切忌为了炫耀自己的能力和经验，而将青少年的实例进行介绍，不管是有意还是无意，都是不允许的。

（3）教育者所做的个人记录，也不能用于展示和作为供人查阅的资料。

当然，在青少年体质健康教育过程中遵循保密性原则，并不是要绝对保密，在某些特殊情况下，可以进行正当解密，比如，为了进行科学研究，为了使求助青少年和他人的利益免受伤害等。但是，一定要注意，这些都必须保证是在不损害求助青少年利益的前提下才能进行的。

（三）主体性原则

主体性原则，将青少年在教育过程中所处的主体性地位体现了出来。体质健康教育的设计、开展等所有的活动，都要在围绕学生主体性地位的基础上进行，教育者也要通过积极的引导，使被教育的青少年能够积极参与体质健康教育。

在青少年体质健康教育过程中，一定要将青少年的主体性地位体现出来，具体要求如下。

（1）首先要对青少年在体质教育中的主体地位持尊重态度，要注意青少年主体作用的发挥。积极的鼓励，使青少年能够做好自我选择和自我指导，对他们自知、自觉、自助起到积极的推动作用。

（2）所有体质健康教育的工作和活动，都要围绕青少年这一中心来进行，要对青少年的实际情况进行充分考量，以青少年现实生活中存在的问题为基准，从而使青少年体质健康水平得到提升，身体素质有所改善。

（四）全体性原则

全体性原则，强调的是青少年体质健康教育所面向的受众，针对的并非某个青少年或者某部分青少年，而是所有的、全体青少年。学校中所建设的健康方面的设施、计划、组织活动都要以全体青少年的发展为出发点进行。在体质健康问题的挖掘方面，要对绝大多数青少年的共同需要和普遍存在的问题进行重点关注，以绝大多数乃至全体青少年的体质健康水平和身体素质的提高为青少年体质健康教育的基本立足点和最终目标。

确立与强调面向全体青少年的体质健康教育原则，与当前青少年体质健康教育的任务、客观条件和学生实际存在的问题及需要是密切联系在一起的。努力提高全体青少年的体质健康水平和身体素质，是青少年体质健康教育的主要任务和工作重点所在，要做到这一点，首要条件是将全体青少年作为服务对象，这样，教育目标的实现才有可能。

另外,全体性原则,不仅仅是指所面向的青少年是所有的,其还有另外一层含义,即青少年中存在的体质健康问题带有普遍性,相应的,其生理需求也具有共同性,所以体质健康教育可用集体的方式进行。当然,实际工作中,还要考虑在实施这一原则时,具体问题具体对待,使体质健康教育的功效得到最大程度的发挥。

在青少年体质健康教育过程中一定要保证全体性原则的实施与应用,具体要求如下。

（1）青少年体质健康教育工作的开展,都必须在有利于促进全体青少年的发展和成长的前提下进行。

（2）教育者首先要对所有的青少年的普遍需要加以了解并掌握,还要对他们普遍存在的体质健康方面的问题有深入且全面的把握。

（3）对所有的青少年要一视同仁,通过创设各种有利条件,最大限度地让尽可能多的青少年参与所有活动,从而使其增强体质的途径多元化。

（五）整体性原则

整体性原则,就是青少年体质健康教育过程中,教育者通过系统论观点的运用来对青少年体质教育工作加以指导。在这一过程中,一定要对体育活动的有机联系和整体性加以注意,对青少年的体质问题做全面考察和系统分析,从而使教育工作中的片面性得到有效避免或克服。

从社会价值取向看,整体性原则所关注的重点之一是青少年"德、智、体、美"的全面发展;从青少年自我完善的需求方面看,整体性原则的关注重点则在于青少年的知、情、意、行等方面的协调发展。从系统的观点出发,体质健康教育所面向的是青少年这一整个群体,是一个完整的活生生的人,而人的身体素质本身也是一个有机整体,是由很多部分整合而成的。因此,这就要求青少年体质健康教育工作的开展应从青少年的个体体质的完整性和统一性、个体身心因素与外部环境的制约性、协调性等综合因素方面出发,全面把握和分析青少年体质问题的成因,采用相应的教育与辅导对策。青少年体质健康教育的最终目的在于使青少年的身体素质得到整体性的发展。

在大学生体质健康教育过程中要将其整体性原则体现出来,具体要求如下。

(1)首先要从整体上入手来分析青少年体质健康问题,分析的角度要多元化,比如整体、全局、多方面的角度,还要把内外因、主客观、家庭社会学校和个人诸因素综合起来。

(2)要通过积极的引导,使青少年能够将全面发展的观点树立起来,教育活动也要一直将青少年良好身心素质的全面提高作为关注的重点。

(3)对青少年体质健康问题的教育与辅导不局限于某一种方法和技术,而应该采取采用综合模式。

(六)差异性原则

差异性原则,就是青少年体质健康教育一定要将青少年的个别差异作为关注的重点,通过以青少年实际需要的调查结果为依据,开展形式多样的、针对性强的体质健康教育活动,从而使青少年的体质健康水平得以提高。

人与人之间是有差别的,青少年也是如此。从先天遗传到后天的各种环境变换和生活经历,他们在基础身体条件、体能水平等各个方面都有自己的特点,与其他个体之间存在不同程度的差别。青少年体质健康教育要做的,并不是将这些特点与差异消除掉,相反,而是通过最佳的方式充分展示出青少年之间的差异性、独特性。

在青少年体质健康教育过程中将青少年个体之间的差异性特点充分体现出来,具体要求如下。

(1)首先要对青少年各个方面的差异性加以了解和掌握,主要涉及年龄、性别、学习、思想和心理等方面。

（2）对不同的青少年要区别对待,灵活选择与之相对应的方法、手段和技术,使两者之间能够相互适应,具体还要通过对青少年年龄特征和个性特征等的参照,来具体运用体质健康教育的原理和方法。

（3）认真做好个案研究,积累资料,总结提炼,增强个别教育的实效。

二、青少年体质健康教育的方法

青少年体质健康教育的开展,只有原则的指导是不能取得理想效果的,还要采取与之相对应的、合适的方法,其方法是多种多样的,通过对各种方法的了解和认识,来对其加以选择和运用。

（一）课堂教学

对于青少年来说,课堂教学是其最常用到的教育方法,这对于青少年体质健康教育也不例外。课堂教学这一方法的创设,主要依据在于青少年、学校以及环境等各个方面的实际情况,将这些因素综合起来,就成了课堂教学设置的重要参照。这对于具体教学内容、具体教学时间的选择具有积极的指导作用,同时还能合理安排教学,实现最合理和最优化的教学课程体系。

青少年体质健康教育,并不仅仅是指对青少年健康理论知识的传授和健康技能的传授,还包含健康教育的不断改革与完善。可以说,在健康教学内容的实施中不断改革,不断创新和不断实践健康教育知识的应用,从而使最优化的健康教育教学内容体系得以建立起来是课堂教学的最终目的。

通常,在安排青少年体质健康教育理论课的教学时,所占用的学时是体育方面的。也就是说,在天气好的情况下,是可以在户外操场进行体育课程的安排的,如果遇到大风、雨雪等恶劣的天气情况,则会改为室内课,可以将理论教学和室内小游戏、棋类活动结合起来，做到动静结合，合理搭配。教学手段多样化可以利用现代化教学手段，把教学内容制作成课件。多媒体教学，使原本很枯燥死板的理论教学变成通俗易懂很直观的音像教学，激发青少年的学习兴趣，实现健康教育教学的目的。只有通过有效的教学行为，有效的课堂才能实现，而要做到这一点，就需要通过"创设情境"引入课题，然后再进入教学内容的主要部分"学习活动"。

（二）与室外教学相结合

课堂教学虽然是最主要的青少年体质健康教育方法，但这并不是唯一的方法，如果仅仅依靠这单一的方法，是不可能取得理想的青少年体质健康教育的成效的。因此，还需要其他方法来对此加以辅助。室外教学就是非常好的选择之一。

采用课外的体育锻炼活动、主题班会讨论、文艺表演、社区和社会实践活动等各种形式，或者卫生检查、黑板报以及学习园地等宣传形式，不但能较好地实行健康教育和让青少年在生动活泼有趣的情景下更容易接受健康教育知识，做到课堂教学、课堂讨论和知识传授综合考虑；还能够将理论与实际相结合、课内与课外相结合的原则体现出来，举行丰富多彩的课外健康教育活动。这样，就将教师和学生之间的讲授和讨论结合在一起，同时还有青少年之间的交流与合作、探讨与研究，使越来越多的青少年能自觉接受青少年体质健康教育关于课内和课外相结合的教学过程。

具体来说，在教学实践中，较为主要的步骤和程序主要有以下几个方面。

（1）按照本学期既定的教学任务来对每个班级的学生进行分组，再由各个小组的同学集体选择，然后将他们自己小组的小组长确定下来。

（2）将各个班级的小组长集合起来，通过自选或者是抽签的方式来将本学期的课题内容分配下来。然后，教师要通知每个小组长其已抽到的课题的大致上课时间,并要求在这个时间之前,每个小组必须对自己所抽取到的课题内容进行分析、讨论和探索研究。分析讨论的内容主要包括课题的重难点内容,教学目标,必要知识、小故事的补充及前后知识内容的联系和问题,然后将准备的内容和能完成的时间汇集成《健康教育专题课题探究任务单》表格贴在教室的公布板上或者墙上,以便于其他学生容易看到。

（3）进行课堂教学时,教师先让一名小组代表对本次课知识内容的重点内容进行分析和阐述,再由小组其他成员对知识内容进行补充和穿插,时间控制在 15 分钟左右即可。最后,教师要对整个小组在课题方面的讲解阐述进行概括和评价,充分赞扬小组在本节课讲解的精彩内容,同时要积极有效地补充和纠正小组成员在讲解中出现的错误,并且要对解释和揭示本节课的重点内容和难点部分加以强调。

（4）课堂教学之后,各个小组长要将课外的相关工作作为己任,其所负责的内容主要有:辅导学习和本节课作业的布置,并对青少年的其他学习情况进行了解和评价,然后再将整理好的信息汇报给教师,便于教师的整体把控。

（5）在准备考试复习或者其他情况下,针对学生忘记相关课题的知识内容或者对已经掌握的知识产生了怀疑的问题,应采取的正确做法是,对照公布版来进行复习,对于不确定的知识在必要的时候还可以找相关小组成员或者老师来解答。

采取上述这种课内外相结合的教学方法,在老师的辅助下,青少年会逐渐变得愿意去主动承担、小组合作和讨论探究,这对于青少年搜集和处理资料信息能力的提高和积极学习兴趣的激发有着非常重要的意义。与此同时,对于青少年学会分析和解决问题、树立学生合作交流的团队意识,以及形成积极主动的学习态度也提供了较大的帮助。

（三）健康书籍推荐

当前，人们的健康意识已经建立起来了，对健康知识和改善健康水平的技能也越来越渴望，鉴于此，健康方面的书籍就成为人们满足需求的一个重要途径。健康方面的书籍有很多，这就要求人们首先要学会选择书籍，不能什么书都买，什么书都看，要在各种各样的书籍中选择出科学性、系统性、实用性、发展性特点都较为显著的权威书籍。通过阅读健康方面的书籍，人们能够掌握更多科学、正确的健康知识以及树立正确的健康观和健康意识。

在青少年的体质健康教育过程中，教育者可以将一些体质健康相关的、科学性和合理性都合适的书籍推荐给学生，并鼓励学生进行阅读和学习，进而掌握更多的健康知识，并应用于自己的生活学习。充足的健康知识储备能更好地让青少年向健康看齐，保护好自身的健康并树立正确的健康观和健康理念。

（四）参观教学

参观教学实际上是在特定的场合，通过直观的展示，让青少年进行访问、观察和调查，以此来获得知识或者验证知识，以达到有效配合教学的目的。

通过参观教学，青少年能够对课堂教学中所传授的健康理论知识有所掌握。与此同时，还能亲身获取和体验最新的前沿知识。具体的参观形式会根据知识内容的不同而进行相应的选择，比较常见的有感知性参观、并行性参观、验证性参观、总结性参观等。

具体来说，在青少年体质健康教育过程中采用参观教学法，需要参照的要求和步骤如下。

第一，做好参观的准备工作。要对参观单位的相关情况有所了解，同时还要将参观场所和参观计划确定下来。

第二，重视参观的整个过程。要对参观对象加以了解，并熟练掌握其相关信息，从而有步骤、有组织地参观。

第三，做好参观结束后的整理工作。具体来说，就是要做好参观的总结,指导青少年做好参观报告的汇报工作,检查参观计划的落实情况。

从青少年体育教学的整个过程来看,参观教学只是其中的一个补充环节,并不是主要的教学方法。从更加具体的角度上来说,课堂教学基本上是一种理论知识传授,实地教学参观的组织,能够使学生的理论知识通过联系实际得到更好的理解和记忆。[①]参观教学对于青少年学习热情和兴趣的提升,以及青少年求知欲的激发都是非常有帮助的,同时,还为他们以后顺利进行体质健康教育活动奠定了基础。

(五)邀请专业人员讲授

体质健康教育是一项复杂的系统工程,涉及的学科知识是多方面的,比如,生物学、解剖学、保健学、营养学、环境科学、运动学等。不同学科之间知识的研究侧重点是不同的。因此,要想做好青少年体质健康教育工作,一定要了解并掌握相应的学科知识。

在青少年体质健康教育过程中,之所以要邀请专业人员进行讲授,主要原因有以下三点。

第一,专业人员是经过专业传授和培训的,他们在各自的专业领域内的权威性是被认可的,在知识信息的掌握方面也更加精准,这对于青少年体质健康教育活动的开展具有显著指导意义。

第二,不同专业人员在工作中,都会经历或者涉及很多相关的病例。这样能够使其理论知识讲授得到实践实例的有效支撑,能够使讲授过程更加生动、形象和全面,这对青少年体质健康教育知识的传授和技能的掌握都具有积极的促进作用,同时,让青少年知道如何更好地预防疾病和形成良好的生活方式。

第三,学校作为青少年体质健康教育的主要基地,有邀请相关专业人员的必要性。可以说,邀请专业人员开展体质健康方面的授课或者讲座,将建立一个非常好的与教师、青少年进行交流

---

① 马翠珍.中学健康教育专题现状调查及教学途径的对策研究[D].陕西师范大学,2012.

的教育平台,让各个专业就青少年体质健康知识形成更完善、更全面的教学,提高青少年体质健康教育专题教学的质量,同时为青少年体质健康教育专题的发展奠定基础。

这就要求学校不仅要积极邀请社会有关健康教育的单位或个人到学校来进行体质健康知识的讲授,还要定期或者不定期地专门为教师举办相关讲座,使教师的专业水平更加全面,与此同时,能让青少年自由轻松地掌握健康文化知识,了解最前沿的健康发展和常见疾病的有关知识,让青少年能及时准确地获取正确的健康文化知识,参与社会的健康实践活动,调动一切资源和力量,促进青少年体质健康教育的发展。

(六)健康知识短文推送

当前,已经进入信息化时代,人们对信息的接收方式已由传统的电视、书籍、报纸、杂志等逐渐转换为更多虚拟的高科技途径,比如,手机、电脑。例如,人们通过手机上网来获取最新资讯、通过网络来帮助自己获取解决问题的办法,甚至通过网课的形式来进行自我学习和提高。

在青少年体质健康教育过程中,网络平台传播的快速性、接受群体的广泛性等优势越来越显著,人们对网络平台传播的重视程度也越来越高,同时网络平台传播在青少年体质健康水平的提高方面所起到的促进作用也是不可忽视的。例如,利用微信公众号向青少年定期推送关于健康知识的文章,让青少年进行阅读学习。微信推送的文章具有传播速度快、推送方便、阅读简单方便以及内容精简突出重点的特点,为青少年进行健康教育干预提供了便捷。①

---

① 谢超杰. 大学生健康管理服务体系的构建及初步实践 [D]. 华南理工大学,2018.

第四节 青少年体质健康管理的理论及规划

一、健康管理的基础理论

（一）健康管理的概念

关于健康管理，通过分析可得知，可以将其看作是一项系统活动过程，其主要指导思想为管理学理论和方法，所涉及的学科知识是多方面的，其主要目的在于预防与治疗疾病、保持与增进健康，主要宗旨在于提高社会健康意识，改善群体健康行为，提高个体生活质量的计划性、组织性。

总的来说，可以将健康管理的概念界定为：一个对个人或群体的健康危险因素进行全面管理的过程。调动个人及集体的积极性，有效地利用有限的资源来达到最大的健康效果是其主要宗旨所在。

（二）健康管理的类型划分

1. 个体健康管理、团队或群体健康管理

这几种类型是根据健康管理对象的不同进行划分的。

（1）个体健康管理

个体健康管理是指以个体为管理单位进行的健康管理。

（2）团队或群体健康管理

团队或群体健康管理是指以有一定组织构架的团队或群体为单位进行的健康管理。这一类型又可以进一步细分为三种类型，即健康人群健康管理、亚健康人群健康管理与疾病人群健康管理。

2. 自我健康管理和社会健康管理

这两种类型是根据健康管理服务来源进行划分的。

（1）自我健康管理

自我健康管理是指以被管理者个人或团队自我健康管理为主，健康相关专业人员和机构健康管理服务为辅而进行的健康管理。

（2）社会健康管理

社会健康管理是指以社会健康管理服务机构提供健康管理服务为主，被管理者积极配合进行自我健康管理为辅而进行的健康管理。

（三）健康管理的模式

1. 管理者模式

（1）健康信息管理

健康信息管理，指的是个体或群体健康信息采集与跟踪的管理过程。通常情况下，会通过日常生活调查、正常体检（健康体检）、疾病检查等方式来进行信息采集。采集的信息包括个体的年龄、性别、身高、体重等基本情况，家族病史、膳食习惯、生活方式，体检后得到的身体各系统的功能状况、实验室检查后理化指标值等。

（2）个人或群体健康与慢性病危险性评价

个人或群体健康与慢性病危险性评价，指的是在完成个人健康信息收集后，通过疾病危险性评价模型得出按病种分类的疾病危险性评价及主要影响因素报告。

（3）个人或群体健康计划及改善的指导

具体来说，就是指在明确个人或群体患慢性病的危险性及疾病危险因素分布的基本上，制订个人或群体健康改善的行动计划及指南，从而针对不同危险因素实施个性化的健康指导。

2. 被管理者模式

（1）了解自己的健康

具体来说，就是指被管理者通过健康管理服务或医疗卫生服务机构的健康评价，并结合相关的资源系统对自己的健康状态及发展趋势加以了解。

（2）明确自己的任务

具体来说，就是指被管理者在健康管理机构或在其他社会支持系统的支持下，将可以改变或可控制的健康危险因素以及健康改善目标、健康改善方法和手段等确定下来。

（3）采取行动

具体来说，就是指被管理者在健康管理机构或其他社会支持系统的支持下积极地行动来实现个人健康改善目标。

二、青少年体质健康管理的必要性

当前，青少年的体质健康状况已经有了一定的改善，如形态发育水平、营养状况方面，但是也存在一些问题，比如，肺活量水平、耐力、速度、力量、爆发力等方面是呈下降趋势的。同时，还存在体质量超标，肥胖、视力不良检出率不断上升等问题。

青少年的体质健康状况会在很大程度上会影响他们能否健康成长，也会影响他们学习效率、生活质量，甚至对于社会的进步与发展、国家的希望与未来，民族的生死存亡都有着或大或小的影响。

除此之外，做好青少年的体质健康管理对预防成年期疾病，达到早期预防的目的所产生的意义也是非常深远的。

三、青少年体质健康管理的主要内容

（一）信息收集

信息收集，主要是指对青少年体质健康相关信息进行收集，并从对信息的分析结论中,及时全面地发现普遍存在的各种体质健康问题,然后有针对性地采取有效的措施。

(二)传播知识与技能

以学校的名义,定期开展青少年体质健康的讲座和其他方式的宣传教育,使青少年能够对体质健康方面的知识和改善体质健康水平的技能有所掌握,从而积极促进青少年体质健康管理水平的提高。

(三)认真检测

要对青少年体质健康管理的相关指标进行定期或者不定期检测,一定要保证检测的严格,从而对青少年体质健康状况有所了解,同时通过检测结果的分析,为更有效地开展青少年体质健康管理和疾病预防提供参考依据。

(四)科学预测

通过分析青少年体质健康的影响因素,然后加以评价,根据评价的结论对青少年体质健康状况和健康发展走向进行预测,以保证预测的科学性和客观性,有效提醒青少年体质健康的重要性,并且将其警示作用充分体现出来。

(五)反馈与指导

通过跟踪检测、体质健康评选、电话回访等方式,有效干预大学生的体质健康,对影响青少年体质健康的危险因素进行分类指导,以达到最佳效果。

四、青少年体质健康管理的未来规划

(一)青少年体质健康管理的全民化发展规划

中国特色的社会主义事业正以前所未有的规模和速度向前

发展,引领我们准确把握群众体育事业发展的内在规律以及在社会发展中的地位和作用,引领我们准确把握全民健身运动的方向、机制、结构和效益问题。大力发展全民健身运动是全面建设小康社会的内在要求,是贯彻落实科学发展观、构建社会主义和谐社会的重要内容,是为了满足不同民族、不同阶层、不同区域广大人民群众日益增长的体育健身需要。体育健身的全民化发展,是保证全民体质健康的重要举措,全民化是青少年体质健康管理的一个重要发展规划。

（二）青少年体质健康管理的终身化发展规划

终身体育是体育改革发展过程中的一个重要成果。所谓的终身体育,是指一个人终身进行身体锻炼和接受体育教育。终身体育的含义有两方面:一是指在人的整个生命过程中都要参与身体锻炼;二是在终身体育思想的指导下,以体育的体系化、整体化为目标,为人在不同时期、不同生活领域中提供参加体育活动机会。

终身体育这一思想在提出之后,世界上许多国家体育学者都对这一思想持赞同的态度,同时终身体育逐渐发展成为一种新的体育思想。

学校体育要为青少年终身体育奠定基础,这是学校体育改革的重要目标之一。培养青少年终身体育和健康意识、能力,是青少年体质健康管理的未来规划之一。

（三）青少年体质健康管理的现代化发展规划

现代生活方式在社会经济、政治、文化生活发展的影响下,逐渐形成了一系列新的具有时代特点的特征,比如时代性、超前性、多元化、消费性等。我国现代生活方式是我国现代社会的产物,我国社会主义市场经济体制的建立,民主、法治制度的健全,科学技术的迅速发展,中西方文化的碰撞融合,都会在现代生活方式中留下印记。

　　学校体育承载着增强青少年体质、增进青少年健康、开发青少年智力、完善青少年人格、培养兴趣、养成习惯的总体目标。在现代社会生活方式产生巨大变迁的环境下,学校体育将成为青少年体质健康管理中的重要环节,为青少年体质健康管理得更加优化和完善起到积极的促进作用。

第六章 青少年身心素质训练
与体质健康促进

良好的身心素质是支持青少年以饱满的精神和体力投入学习和生活的基础。现如今,我国青少年的体质健康状况不断下滑,由此使得针对青少年身心素质方面的训练显得更加重要,这是促进他们体质健康状况改善的重要举措。为此,本章就重点对青少年身心素质以及社会适应力的提升方法进行指导。

第一节 青少年身体素质的训练方法

一、力量素质训练方法

(一)快速力量的训练

快速力量是速度与力量的综合表现,现代体育训练中以发展力量的训练作为提高速度力量的方式也较为普遍。而在快速力量中最具代表性的要数爆发力。爆发力在多种运动项目中都具有极大的意义,甚至对运动成绩的好坏起着决定性的作用,如田径短跑、足球前锋的启动速度等。青少年快速力量训练的方法有以下两种。

1.快速用力法

快速用力法中的速度的增长就是力量增长的标志,它的练习特征是通过最快的肌肉收缩速度来克服外来力量,以求追求出色的爆发力。

具体练习方法为采用小强度快速用力法和中等强度快速用力法。小强度快速用力法的特点是采用30%—60%的强度,练习3—6组,每组重复5—10次,进行专门发展练习,练习时尽量将练习的动作结构和肌肉工作方式接近相应比赛动作;中等强度快速用力法的特点是用70%—85%的强度,用最大速度练习4—6组,每组重复3—6次,这种方法对提高肌肉力量的爆发性有着较为明显的作用。

2. 超等长练习法

超等长练习法实际上是将肌肉的退让与克制相结合的训练方法。其运动原理为当肌肉被拉长的超过自身的正常长度时,肌肉出现牵张反射,即强大的克制性收缩,从而产生有效的爆发力。在进行此训练时,肌肉要先做放松性的退让工作,并且肌肉被极度拉长,然后再以最快的速度转入紧张的克制工作。这样做的目的在于使纯力量转变成爆发力。

(二)最大力量的训练

发展最大力量的训练方法有重复法、强度法等。这些方法不仅能有效地增大肌肉横截面,还是发展绝对力量、相对力量的主要方法,对速度力量和力量耐力的发展有很大的作用。

1. 重复法

重复法的负荷特征是以75%—90%的强度进行练习,每组重复3—6次,每组间歇3分钟。重复力量练习法的负重重量要根据初始力量决定,此后在依据肌肉力量的增加而逐渐加大。这种训练方法较为容易看到练习效果,学生增加负荷重量和重复动作次数多少就是力量水平提高的标志。

这种训练方法对人体代谢过程和肌群的增长都有较大帮助,

是一种有效提高肌肉力量的方法。除此之外,它能发展学生的爆发力以及改进用力技术的协调性等作用。

2. 强度法

强度法的特点是以大的、亚极限和极限重量工作,训练时逐渐增加强度以至达到用力极限,然后每次练习时都要采用对自身体力相对较强的、中上的和中等强度的负荷量,直到对这种刺激产生劣性或接近劣性反应时为止。

强度法最显著的作用是可以在学生的肌肉体积没有过多增加的情况下,依旧使相对力量得到提高。这点也得到了多数相关学者的认可,他们认为对于需要最大力量项目的学生来说,周期性地举极限和亚极限重量可以有效地促进专项工作能力的提高。

(三)力量耐力的训练

力量耐力是力量素质和耐力素质的综合素质,它是在静力性或动力性工作中长时间保持肌肉工作能力,而不降低其工作效果的能力,也可以简单解释为力量可以持续工作的能力。在众多体育项目中需要静力性力量耐力参与的有很多,如射箭、射击、举重中的支撑动作、体操运动的静态支撑等;要求动力性力量耐力的运动项目多数集中在田径、球类、游泳和体操等项目。

1. 等动训练法

等动训练法即等动力练习法,它是利用等动练习器进行的力量训练方法。等动练习器的基本结构是在一个离心制动器上连接一条尼龙绳,拉动尼龙绳时的力量越大,由于离心制动作用,器械所产生的阻力也就越大。

等动练习实际上与纯粹的克制性工作有一些区别,理由在于在进行克制性工作时,肌肉在缩短过程中张力要发生改变,而等动练习时,肌肉一直以某种张力进行收缩,并且收缩速度始终保持恒定。因此,等动训练法并不等于肌肉克制性工作。

2. 极端用力法

极端用力法要求训练时做极限数量的重复,每组练习做到力竭为止。这种练习法的原理是需要从大脑皮层发出补充的神经冲动去激发新的运动单位,把每块肌肉充分地调动起来,并去激发新的肌群,这一过程也可以称为兴奋过程的扩散。

运动实践已经充分证明,这种方法不仅能极为有效地发展学生的力量耐力,还是发展最大力量和培养学生意志和心理稳定性的有效方法。

二、速度素质训练方法

速度素质包含许多种类,这里就选择其中最有代表性的移动速度来进行训练方法的说明。

移动速度在某种意义上说是一种综合运动能力的表现,是速度素质中最为重要的一项,它在多种运动中也有着突出的体现。移动速度与学生的力量、柔韧、速度耐力和灵敏性都有着密切的联系。发展移动速度可采用以下几种方法。

(一)发展力量练习法

移动速度的快慢取决于学生的灵敏、柔韧、力量等素质,但在这些素质中,力量的作用占据了更多的分量。力量练习是移动速度练习的基本途径之一,练习力量的目的实质上是提高学生的速度素质,但最终的目的是把学生所获得的力量和速度素质用于提高移动速度上来。因此,在通过力量训练达到提高移动速度水平的练习中一般要注意以下几点。

(1)力量练习应本着对学生的力量素质得到全面、均衡的发展的宗旨开展。

(2)力量练习应要求学生以较快的速度并加上一定的负重的重复练习,以促进移动速度的提高。

（3）力量练习应是培养学生预防运动损伤和自我保护的能力，强调科学、安全的力量练习。

（4）发展基本力量的练习应采用适中的强度（强度为40%—60%）进行快速的重复练习，使得肌肉力量和肌肉横断面增大。

（5）力量练习应侧重速度力量的发展，一般可采用超等长的力量练习，如立定跳远、单足跳（跳上跳下台阶）、跳深等。

（二）发展步频、步长的练习法

通常步长和步频是影响移动速度的两个主要的因素，主要在跑动较多的运动项目中有较好的体现。只有将频率较高的步伐速度和每一步的较大步幅相结合，才能够在跑动中表现出出色的移动速度。

而决定步长和步频的共同因素则是力量的协调性。其中，影响步频的因素有肌纤维的类型和神经系统的灵活性；影响步长的因素有柔韧性。灵活性和柔韧性都可以通过后天的练习获得水平的提高，而腿长、肌纤维类型、神经系统灵活性则主要取决于遗传。所以，如果一个学生的步频较慢，那么要想提高移动速度则采取的最有效的措施就应该是加大步幅。

三、耐力素质训练方法

（一）持续训练法

持续训练法是一种低强度、长时间、无间断地连续训练的方法。教师可选择此方法进行一般耐力素质的训练，以达到提高青少年有氧代谢系统的供能能力以及该供能状态下有氧运动的强度。除此之外，这种练习还可以为青少年的无氧代谢能力和无氧工作强度的提高奠定坚实的基础。

持续训练方法总体强度不大，但是对身体施加负荷（负荷并不强烈）的时间相对较长,技术动作可以是单一的,也可以是多种动作相结合的,并且持续训练以有氧代谢系统供能为主。

除此之外,持续训练法还能发展一般耐力、力量耐力,提高摄氧、输氧等能力。通常青少年在进行一组练习的持续负荷时间应最少保证在10分钟,负荷强度心率指标控制在160次/分钟左右,训练过程不中断。这类训练方法可以有效提高青少年以有氧代谢系统供能状态下所表现出来的专项耐力,有效地提高技术应用的稳定性和抵御疲劳的耐久性(表6-1)。

表6-1　练习目的与刺激负荷的关系

训练目的	刺激强度		持续时间
	心率	强度	
调整、休整、恢复体力	120—150 次/分	小强度	30—50 分钟
提高有氧耐力	150—180 次/分	中强度	50—90 分钟
提高承受大负荷的能力	120—150—180 次/分	小、中强度	90—120 分钟
提高力量耐力	120—150—180 次/分	小、中强度	不能再做为止

(二)间歇训练法

间歇训练法是一种在多组训练过程中的间歇休息时间并不充足,使机体处于不完全恢复状态下再进行反复训练的方法。在青少年耐力训练中,合理应用间歇训练法,可以明显增强机体的心肺功能,有效提高多种供能能力,提高机体抗乳酸的能力。

间歇训练法可以显著提高短距离跑和中长距离跑项目的速度耐力和耐力水平。这里所谓间歇的方法并不是完全终止运动,而是采用积极性休息方式,如采用慢跑或走,也采用一些放松性的练习。当心率恢复到120—130次/分时就开始下一次的练习。

由于间歇训练法是在未能完全恢复的情况下就进行下一次练习,因此会对青少年身体机体产生以下几方面的影响。

(1)提高学生每分钟的血液输出量,提高心肌收缩力水平和心脏输出量水平。

（2）提高学生的呼吸系统功能,特别是其最大吸氧量水平。

（3）间歇训练法可有效提高青少年糖原有氧分解能力和有氧耐力水平。

（4）间歇训练法可有效提高青少年有氧无氧混合供能能力和无氧耐力水平。

训练的时间、距离、练习的强度、间歇的时间与训练的目的构成不同类型的间歇训练法(表6-2)。

表6-2　不同类型的间歇训练法参数

训练目的	训练时间	训练强度	间歇时间	重复次数
提高有氧耐力	8—15 分钟	小强度	长	较少
提高无氧耐力	8 秒—2 分钟	最大强度或大强度	短	多
提高混合耐力	2—8 分钟	中等强度	中	中
提高专项耐力	8 秒—15 分钟	大强度	短、中、长	少、中、多
提高力量耐力	8 秒—15 分钟	中等强度	短、中、长	多

（三）重复训练法

重复训练法的方式为安排同一内容的多次重复练习,并在每次练习之间留有一定的休息时间。重复训练法,可有效强化青少年的运动条件反射,这对于掌握运动技术和提升身体素质效果显著。在重复训练法中有一项重要的构成因素,是决定重复训练法具有良好效果的保证,这就是单组训练的负荷量、负荷强度及组间休息时间。在每组间隔的休息时间中,可采用的休息方式有静止性休息,肌肉按摩放松,或是慢走。

重复训练法在进行过程中需要对青少年的心率变化予以留意。重复训练法要求在每组间隔时间中做到完全性休息,其标准为运动者心率降到 100—120 次 / 分。重复训练法中的各元素通过不同的搭配会产生不同的、更有侧重性的训练效果,具体见表6-3。

表6-3　重复训练法的训练参照指标

训练目的	训练时间	训练强度	间歇时间	重复次数
提高有氧耐力	8—15分钟	最大强度、大强度	中、长	少
提高无氧耐力	2—100秒	极限强度、最大强度	短	少
提高混合耐力	2—10分钟	最大强度、大强度	中	少
提高专项耐力	15—60秒	大强度	长	少
提高专项速度	15—30秒	最大强度、大强度	短、中、长	少

四、灵敏素质训练方法

(一)反应能力训练

(1)正向反应练习。根据指令快速做出动作。例如,指令为上举,则做上举动作。

(2)反向反应练习。根据指令快速做出相反的动作。例如,指令为上举,则做下举动作。

(3)在多种初始状态下听指令做动作练习。初始状态可以是原地,也可以是在跑动中。

(4)限定范围内的一对一追逐练习。

(5)限定范围内的一对一抢后背号码游戏。

(6)听指令或看手势做不同状态的跑与停练习。

(7)听指令做多种姿势的起跑练习。

(8)跳绳。安排两人负责摇绳,练习者在恰当的时机跑入中间做转身跳过等练习。

(9)掌心相对做打手背练习。

(10)多种类型的体育游戏练习。常见游戏有叫号追人、贴人、抢空位等。

(二)平衡能力训练

(1)两人相对单腿站立,双臂互相搭在一起,尝试破坏对方平衡,使其抬起的那只脚着地。

（2）两人相对弓箭步站立，双臂互相搭在一起，尝试破坏对方平衡。

（3）做各种姿势的平衡练习。

（4）做头手倒立练习。

（5）做听指令急停练习。

（6）站在平衡木上做横跳或向下跳练习。应特别关注向下跳落地后的身体平衡保持。

（7）站在平衡木上做多种平衡动作。

（三）协调能力训练

（1）两人背对挽臂，做蹲姿下的跳进和跳转练习。

（2）动作模仿练习。

（3）徒手操练习。

（4）两人做头上拉手同向连续转练习。

（5）不同方向和步法的脚步移动练习。

（6）做跳起空中体前屈摸脚练习。

（7）两人一组，一手扶对方肩，另一手握住对方脚腕，然后尝试做各种方向的蹦跳及转向跳。

五、柔韧素质训练方法

（一）颈部柔韧素质训练

1. 前拉头

取站姿或坐姿，双手交叉在头后，然后头向前下方下压至下颌贴胸部，以此给头部施加一个牵拉力，此时双肩也要配合下压。该动作应在最大幅度下维持 10 秒左右的时间，然后复原。

2. 后拉头

取站姿或坐姿，缓慢向后仰头，双手置于前额，缓慢向后拉颈。该动作应在最大幅度下维持 10 秒左右的时间,然后复原。

3. 侧拉头

取站姿或坐姿,左臂在背后屈肘,右臂从右肩上向下抓住左臂肘关节,缓慢向右牵拉左臂肘关节。该动作应在最大幅度下维持 10 秒左右的时间,然后复原。

（二）肩部和背部柔韧素质训练

1. 单臂开门拉肩

学生站于门框中间,两肩侧对门框,两脚分开,一前一后,右臂肘关节抬起后外展,高度与肩同高,小臂向上,掌心对墙。然后上体向另一侧转动给予肩部一个牵拉力。两臂交替练习。

2. 向后拉肩

取站姿或坐姿,双手在背后合掌,手指向上。然后两掌向上移动至最大限度,再向后拉肘。如此反复练习。

3. 助力顶肩

取跪立姿,双臂上举,双手交叉于同伴颈部。同伴站在练习者身后,一手扶髋,另一手扶练习者肩胛部位。然后同伴身体后仰,髋部上顶练习者肩胛部位以给予练习者肩部一个牵拉力。如此反复练习。

4. 背向压肩

学生背墙而站,双臂后抬扶墙,双手慢慢向上爬至与肩同高。然后两腿屈膝来降低肩部高度,以此给予肩部一个牵拉力。该动作应在最大幅度下维持 10 秒左右的时间,然后复原。

5. 坐立拉背

取坐姿,上体前压贴于大腿上部,双手抱腿,肘关节低于膝关节。然后上体继续前倾,两臂向前拉伸背部,过程中两脚始终要接触地面。该动作应在最大幅度下维持 10 秒左右的时间,然后复原。

（三）臂部和腕部柔韧素质训练

1. 上臂颈后拉

取站姿或坐姿,左臂上举后屈肘,肘部位于头部侧方,左手垂至肩胛处。右臂上举屈肘,右手抓左臂肘关节后向右拉。两臂交替练习。该动作应在最大幅度下维持 10 秒左右的时间,然后复原。

2. 背后拉毛巾

取站姿或坐姿,左臂上举后屈肘,右臂从身后屈肘小臂上抬,两手握住一条毛巾,然后两手逐渐靠近。两臂交替练习。该动作应在最大幅度下维持 10 秒左右的时间,然后复原。

（四）腰部柔韧素质训练

1. 俯卧转腰

取俯卧位,俯卧于台子上,躯干上部要在台子边缘之外悬空,在肩上搭一木棍,两臂搭在木棍上。然后左右转动躯干至最大幅度。该动作应在最大幅度下维持 10 秒左右的时间,然后复原。

2. 站立体侧屈

取站姿,两脚一左一右站立,双臂头上伸,然后做向一侧的体侧屈,侧屈时确保耳朵贴在肩上。两侧交替练习。该动作应在最大幅度下维持 10 秒左右的时间,然后复原。

3. 倒立屈髋

取仰卧姿势,然后缓慢成头手倒立,双手扶腰两侧。然后缓慢弯曲双腿,直至脚接触地面,如此反复练习。该动作应在最大幅度下维持 10 秒左右的时间,然后复原。

(五)腹部和胸部柔韧素质训练

1. 俯卧背弓

取俯卧姿势,两腿屈膝,两脚上抬,双手后伸抓脚踝,然后胸部和双膝同时提起成背弓。该动作应在最大幅度下维持 10 秒左右的时间,然后复原。

2. 上体俯卧撑起

取俯卧姿势,双手在髋部上方撑地。然后用力撑起上体,头部后仰,成背弓。该动作应在最大幅度下维持 10 秒左右的时间,然后复原。

(六)髋部和臀部柔韧素质训练

1. 弓箭步压髋

取站姿,然后两腿一前一后成弓箭步站立,位于身体后方的脚脚背着地。然后缓慢屈膝降低重心,直到后腿的膝也贴地。两腿交替练习。该动作应在最大幅度下维持 10 秒左右的时间,然后复原。

2. 坐立反向转体

取坐姿,两腿向前伸展,双手支撑在髋部的地面上。两腿交叉,屈膝使脚跟向臀部方向滑动。然后转体,头部要转到身体后方,使身体对侧的肘关节顶在屈膝腿的外侧,同时缓慢推动屈膝腿。该动作应在最大幅度下维持 10 秒左右的时间,然后复原。

(七)大腿柔韧素质训练

1. 体侧屈压腿

学生侧向站立在一个约与髋高度齐平的台子旁。将一脚搭在台子上,身体向台子一侧缓慢下压。两腿交替练习。该动作应在最大幅度下维持 10 秒左右的时间,然后复原。

2. 直膝分腿坐压腿

取坐姿,双腿最大限度分开,然后上体缓慢向一侧腿下压下去。两腿交替练习。过程中要注意将腰部充分伸展。该动作应在最大幅度下维持 10 秒左右的时间,然后复原。

3. 坐压脚

取跪姿,脚背贴地,脚趾朝后,臀部坐于脚跟上,以此拉伸腿部。该动作应在最大幅度下维持 10 秒左右的时间,然后复原。

4. 站立拉伸

取站姿,后背贴墙,抬起一腿由同伴把持,然后同伴逐渐向上抬举,以此拉伸腿部。该动作应在最大幅度下维持 10 秒左右的时间,然后复原。

(八)小腿柔韧素质训练

1. 坐拉脚掌

取坐姿,两腿分开,一腿屈膝,脚跟向内抵住腹股沟。然后上体前倾,用手抓住伸展腿的脚掌向后拉。过程中,伸展腿应始终保持伸直状态。该动作应在最大幅度下维持 10 秒左右的时间,然后复原。

2.扶墙拉伸

面墙而站,双手扶墙,两脚脚趾朝墙。然后屈肘两前臂贴墙,身体前压,给予小腿以一定的牵拉力。过程中身体和头颈等部位始终应保持伸直状态。该动作应在最大幅度下维持10秒左右的时间,然后复原。

(九)脚部和踝部柔韧素质训练

1.脚趾上部拉伸

两脚分开,前后站立,前腿微屈,脚趾搭在低矮台阶上,身体逐渐前倾给予脚趾一个牵拉力。两脚交替练习。该动作应在最大幅度下维持10秒左右的时间,然后复原。

2.跪撑后坐

取跪姿,两手在身体两侧撑地,双脚并拢脚面触地,脚尖朝后,然后臀部逐渐向后下方移动直至最大限度。该动作应在最大限度下维持10秒左右的时间,然后复原。

第二节　青少年常见心理问题及处理

一、淡漠心理

(一)心理形成分析

淡漠心理是由于青少年因频繁接受外界刺激,致使大脑皮层兴奋过程下降、抑制过程加强而形成的。其一般出现在参与训练或比赛活动之前。

（二）处理方式

常用的对淡漠心理问题的处理方法主要有以下几个。

（1）在教师的正确引导下端正青少年对运动训练或比赛的态度。

（2）教师在分析学生心理淡漠问题的原因后努力找出应对方案，重建学生对运动训练的信心。

（3）运动训练的安排要确保科学合理，避免频繁安排大负荷训练，在观察到学生的负面情绪后要予以留意和重视，因此确保学生能以较好的态度投入训练当中。

二、厌倦心理

（一）心理形成分析

厌倦心理是由于青少年长期参加运动训练后产生的难以再受到新刺激的影响的心理问题。在实际中往往表现为学生对训练感到厌烦和惧怕，如此非常影响正常运动计划的完成。这种心理问题一旦出现，就要及时予以干预，以使学生尽早摆脱这种心理的干扰。

（二）处理方式

1.制订合理的目标

为了缓解学生的厌倦心理，在制订运动计划时就应考虑到目标设定的合理性，即目标是否设定在了学生的最近发展区中。此外，在运动过程中还要辅以教师乃至家长的引导，力争使学生能循序渐进、由小到大地完成运动目标，从而建立起良好的自信。

2.对训练动机进行适度强化

动机是驱使人做出某种行为以及延续这个行为更长时间的

原动力。为此,在妄图解决学生对运动训练的厌倦心理上,教师和家长应积极予以引导,这种引导应以成功案例为基础,再辅以理论传授,最终激发学生的运动动机,由此削弱厌倦心理对学生的影响。另外,在组织训练活动时教师要尽力营造好的训练氛围,一旦在训练中发现了学生的亮点要及时点出并表扬,但在发现问题时也应及时指出和适当批评。

第三节　青少年社会适应能力的促进

一、社会适应的相关概念

(一)社会适应的概念

社会适应是指个体或群体调整自己的行为使其适应所处社会环境的过程。社会适应有两种方式:一是个体通过调整、改变自己的观点、态度、习惯、行为以适应社会条件和要求,这属于生存适应;二是尽最大可能改变环境使之适合自己发展的需要。社会适应过程实质上是个体不断社会化的过程。

(二)社会适应能力及社会化

社会适应能力,又称社会健康,指个体与他人及社会环境相互作用、具有良好的人际关系和实现社会角色的能力。社会化是把一个生物的人塑造成一个合格社会成员的过程。在这一过程中,个体必须适应自己生活于其中的社会变化,在与他人的交往与互动中逐渐形成自我观念,协调人际关系;学习和体验不同社会角色,学会承受各种挫折;在个体社会化进程中必须面对各种冲突并学会妥协和顺应、合作与竞争。

二、学校体育对促进学生社会适应力的作用

学校体育除对学生的身体健康和心理健康两方面起到重要作用之外,还对学生的社会适应能力的提升有着较大作用。这些作用具体如下。

(一)有利于建立和谐的人际关系

和谐的人际关系都是通过与他人的交流获得的。所谓的人际交往,是指人在各种社会活动中与他人进行信息交换或情感沟通的过程。学校中开展的各项体育活动为学生的人际交往提供了更加广阔的空间,这是以体育作为主要内容,增加学生之间的交流话题,为他们创造更多的交流机会。这显然有助于学生彼此互相了解和学会如何协调人际关系。

相对于其他学科来说,体育运动给学生创造的话题无疑更加轻松,且让学生的沟通更加便利和直接,场景也更多,也就是说学校体育更能创造出好的交流氛围。更重要的是,学校体育的形式多样,总是能够凝聚更多有着相同体育爱好的学生共同参与,让他们能真切感受到激烈竞争中的身体对抗以及集体协作中的默契配合。这些都有助于学生之间增进感情、巩固友谊,而他们的社会适应力也在其中潜移默化地获得了提升。

(二)有利于培养学生的竞争意识及抵抗挫折的能力

学生在学校体育活动中总是能遇到新的挑战。学校体育活动形式多样,不仅有对个人运动能力的挑战,也有对自己所属的团队的考验,且任何体育活动都有胜败之分,对于大多数参与体育的学生来说,面对失败的概率远高于胜利。如此一来,具备众多元素的体育运动既能激励学生追求胜利的心,又能磨炼学生强大的毅力和抗挫能力,这也是提高学生社会适应能力的必要过程。

（三）有利于培养学生良好的体育道德规范

任何体育活动的开展都要在规则的限定范围内进行，这也是体育运动的基本特点之一。当学生参与体育活动后，其就要学会接受规则，做与规则相符的行为，由此也就使学生在活动中逐渐培养遵守纪律、尊重裁判，学会自我约束和秉持公平竞争的精神。长此以往，良好的体育道德便形成了。

（四）有利于培养学生的社会适应性

通过参加多种体育活动，学生有机会体验和扮演不同的社会角色，使自己的品行符合一定规范，成为一个遵纪守法、有公德的好公民，这对提高学生的社会适应性极为有利。

三、学校体育对促进学生社会适应力应达到的要求

（一）营造民主的体育氛围，建立融洽的师生关系

学校体育活动促进了学生的社会化，这是其他学科不可替代的。营造良好的、宽松的学校体育氛围，建立和谐的师生关系，有助于学生生动活泼地进行体育学习、锻炼、训练及竞赛。

（二）优化学校体育环境，创造良好的体育锻炼空间

体育场地器材条件是开展学校体育活动的重要物质基础，良好的体育锻炼环境可以吸引更多的学生参与体育锻炼。要努力优化学校体育环境，为学生提供良好的体育锻炼空间，以便激发学生参加体育锻炼的热情，增加学生之间的交往，提高学生的社交能力。

（三）组织丰富多彩的课外体育活动，提高社会适应能力

组织开展与学生年龄相适应的、丰富多彩的体育活动，加强同学间的友谊，提高群体意识，使人际关系变得更加和谐、融洽，

锻炼学生克服困难的精神,提高适应外界自然环境的能力。

(四)广泛开展学校体育竞赛,培养竞争与协作意识

在学校体育活动中要积极鼓励学生在体育竞赛过程中团结一致、奋力拼搏,既培养学生的竞争意识,又增强学生的集体荣誉感、责任感及集体协作意识。

四、社会适应能力的测量

对人的社会适应能力进行测量,主要视为对被试者在自然环境条件中所表现出来的对社会的成熟度、与学习能力有关的行为等进行了解。其具体的测量方法主要包括临床谈话法、实验法、社会测量法和问卷调查法。

常用的测量社会适应能力的量表有:美国精神缺陷学会(AAMR)所设计的《适应行为量表》(ABS)、《卡特尔16种人格因素量表》(16PF)、《中学生社会适应性量表》(陈建文,2004)、《适应能力测验》《幼儿社会适应状况量表》(傅宏,2000)、《中国人社交关系量表》《个体社会化程度量表SLSV3.0》。

下面主要对常见的几种量表进行介绍。

(一)《适应行为量表》

《适应行为量表》(ABS)具有很大的信息量,能够对多种不同适应功能进行全面的反映。

《适应行为量表》的整个结构可以分为两大部分,包含主题21个,并且每一个主题又包含了很多项目,一共有95个项目。

1—9主题作为第一部分,主要是对适应行为能力进行评估。

10—21主题作为第二部分,主要是对适应不良行为进行评估。

主题和项目不同,通过进行相互组合可以形成5个因子,1—3因子是由1—9主题组成,主要对正常适应行为进行测验,4—5因子是由10—21主题构成,是对适应不良行为进行测验。

对于上述 5 个因子,其具体的主题如下。

因子 1 是指个人的自我满足。

因子 2 是指社区的自我满足。

因子 3 是指个人和社会的责任。

因子 4 是指社会的调节。

因子 5 是指个人的调节。

对于上述 21 个主题,其具体内容如下。

(1)独立能力。所谓独立能力就是独自外出和独立生活的能力、个人清洁卫生的能力、大小便的自控能力、饮食自理能力。

(2)躯体发育。躯体发育是指运动发育和感觉发育等方面的情况。

(3)花钱。花钱就是指对钱财的预算、购物和管理的能力。

(4)语言发育。语言发育指语言表达和理解及社交语言发育的能力。

(5)计数和计时。计数和计时是指计数、计时和获得时间概念的能力。

(6)自我导向。自我导向是指对学习和工作的自动性或被动性及注意力和坚持性,自我安排空余时间的能力。

(7)就业前的活动。就业前的活动是指职业复杂度,在学校中的工作学习、劳动表现和工作习惯的表现。

(8)责任心。责任心就是对个人物品一般的责任感和关心程度。

(9)社会化。社会化就是指同别人进行合作和相互作用的能力以及社交成熟度等方面的能力。

(10)攻击性。攻击性就是指暴怒、发脾气等不良攻击性行为以及威胁、损坏公物的行为

(11)社会行为与反社会行为。社会行为与反社会行为指对别人的嘲笑或议论,对别人活动造成妨碍,对别人财产不尊重,言语粗鲁等不良言行。

(12)对抗行为。对抗行为指无视纪律,不听从教导或对抗

的态度,逃避活动及在集体活动中表现不好的行为。

（13）可信任度方面。可信任度指擅自动用别人的物品及说谎和欺骗行为。

（14）参与或退缩。参与或退缩指不活跃,害羞,退缩行为。

（15）装相方面。装相指刻板行为或奇特姿势。

（16）社交表现。社交表现指与人交往时不合适的行为。

（17）发音习惯。发音习惯指不良的发音习惯。

（18）习惯表现。习惯表现指不良口腔习惯,弄坏自己的衣服,及其他怪癖不良习惯。

（19）活动度。活动度指多动倾向。

（20）症状性行为。症状性行为指自我估计过高,不能正确对待批评或挫折,过分追求注意或表扬,有疑病倾向或情绪不稳的其他表现。

（21）药物使用。药物使用指使用抗精神病药物、镇静剂、兴奋剂、抗癫痫药。

（二）《卡特尔 16 种人格因素量表》

卡特尔 16 种人格因素测验（16PF）是美国伊利诺伊州立大学人格及能力测验研究所卡特尔教授经过几十年的系统观察和科学实验,应用因素分析统计法慎重确定和编制而成的一种精确的测验。

本测试根据中国常模标准和临床实践,使用国际通用的 16PF 人格心理测验做出判断,其功能主要是对人的 16 项基本人格特征进行测试,并对各项心理学指标通过各种科学方法来进行了解。

本测试的题目共有 187 个,并采用序列轮流排的方法来测试出 16 种因素的特征,具体如下。

A. 乐群性。

B. 聪慧性。

C. 稳定性。

E. 恃强性。

F. 兴奋性。

G. 有恒性。

H. 敢为性。

I. 敏感性。

L. 怀疑性。

M. 幻想性。

N. 世故性。

O. 忧虑性。

Q1. 实验性。

Q2. 独立性。

Q3. 自律性。

Q4. 紧张性。

此外，还可以根据测验统计结果所得出的公式来对一个人的个性特征中的双重因素进行推算，如内向性与外向性、焦虑性与适应性、果断性与怯懦、安详机警性与感情用事等。另外，通过该量表还能够对某些类型的人格因素特征进行计算，如从事专业而有成就者的人格因素、心理健康者的人格因素、创造力强者的人格因素和在新环境中有成长能力的人格因素。可运用公式10（2A+3E+4F+5H−2Q2−11）来鉴定学生的性格类型，式中字母代表相应量表的标准分数，标准分低者为内向型，高分者为外向型。本测验具有较高的效度和信度，广泛应用于人格测评、人才选拔、心理咨询和职业咨询等工作领域。

在测试中，这16种人格因素都是相互独立的，并且相互之间有着非常小的关联度，任何一个因素的测量都能够对被试者某一方面的人格特征进行独特、清晰的认识，同时能对被试者人格的16种不同因素的组合进行综合性的了解，从而对其整个的人格进行全面评价。

各量表测试的因子如下。

A. 乐群性：测试被测者与外界环境间的适应情况和交流情况。

B. 聪慧性：测试被测者的智力及其可发展情况（理性思维）。

C. 稳定性：测试被测者的情绪特征、情绪控制能力。

E. 恃强性：测试被测者的恃强、倔强性情况。

F. 兴奋性：测试被测者的兴奋特质。

G. 有恒性：测试被测者一般做事时是权宜、敷衍的，还是有恒、负责的。

H. 敢为性：测试被测者是否有冒险敢为的人格特征。

I. 敏感性：测试被测者对待外界的敏感程度。

L. 怀疑性：测试被测者的处世怀疑态度。

M. 幻想性：测试被测者的幻想力、想象力。

N. 世故性：测试被测者在为人处世时的世故、老练性情况。

O. 忧虑性：测试被测者是否有忧郁状况。

Q1. 实验性：测试被测者对环境的批评性特征。

Q2. 独立性：测试被测者的独立分析能力。

Q3. 自律性：测试被测者处世时的自律、自觉情况特征。

Q4. 紧张性：测试被测者的焦虑、紧张状况。

除上述 16 项特征因子外，16PF 还可以做出相应的人格类型分析，包括内向与外向型分析、适应与焦虑型分析、创造力强者的人格因素分析、感情用事与安详机警型分析、专业有成就者的人格因素分析、心理健康因素分析、怯懦与果断型分析、在新环境中有成长能力的人格因素分析等次元人格因素。

（三）《中学生社会适应性量表》

《中学生社会适应性量表》测量的对象是中学生，这是一个将理论分析与实证调查相结合后产生的，以系统揭示社会适应性的结构成分的量表。通过实证调查、因素分析和信度、效度检验，获得社会适应性的多维度、多成分初评结构模型。

通过分析可以确定，中学生的社会适应性主要可由心理优势感、心理能量、人际适应性和心理弹性四个维度展示。

（1）心理优势感。心理优势感主要来源于对事物的控制感、自信心和自主性。

（2）心理能量。心理能量主要包括能力、动力和活力。

（3）人际适应性。人际适应性主要有社会接纳性、人际信任感、乐群性和利他倾向。

（4）心理弹性。心理弹性包括挑战性、灵活性、自控性和乐观倾向。

《中学生社会适应性量表》中设计有 70 个题目，这 70 个题目都包含了上述四个维度。其中的比重为：心理优势感量表 15 题；心理能量量表 17 题；人际适应性量表 18 题；心理弹性量表 20 题。

（四）《向性检查卡》

如今我们每个人都了解人是有外在和内在两个方面的，人的性格也有内向性格和外向性格之分。这一理论是由荣格在 1913 年出版的《心理类型学》中提出的。一般来说，一个人若是内向性格，则其更多会表现出安静、沉思、想象、害羞、防御性、退缩等状态。而外向的人则更多表现为好外出、喜交际、随和、坦率、对环境的适应度高等状态。

荣格认为，大多数人都是介于内向和外向之间的，单纯内向或单纯外向的人是很少的。而要想对个体的向性进行测量，就需要设计一套科学的量表，其中以日本淡元路治郎的向性检查卡最为典型。该量表在对个体的内外向性格进行判断时，会汇总个体的交友情况、对他人的态度、对新环境的适应情况以及自我主张的程度等作为重点关注要素。量表中设计了 50 个题目，题目的回答方式均是以"是""否"或"不定"来回答的，然后根据结果得到个体的外向性指数（V.Q）。

量表外向性题的编号是：2、4、5、8、10、11、12、18、20、21、24、25、26、28、29、34、36、37、38、40、41、46、48、49、50；其余 25 道题属于内向性题。外向性指数大于 115，则性格类型属于外向型；外向性指数小于 95，则性格类型属于内向型；外向性指数在 95—115 之间，则属于中间型。

第七章　青少年体育锻炼与体质健康促进

大量的实践与事实充分表明,经常参加体育锻炼对于青少年体质水平的改善具有显著的效果。因此,青少年在平时的生活与学习中,一定要注意坚持参加体育锻炼,锻炼的形式、内容要多样化,锻炼的手段与方法要科学和合理,这样才能保证体育锻炼的效果,才能促进青少年体质水平的提升。

第一节　体育锻炼对青少年体质健康促进的价值

经常参加体育运动锻炼对于青少年的体质健康具有重要的价值,这些价值突出表现在以下几个方面。

一、促进呼吸系统功能的改善

青少年在参加体育运动锻炼的过程中,呼吸加深,吸进的氧气和排出的二氧化碳都比较多,这就大大增加了肺活量,增强了肺功能。青少年长期坚持参与体育健身活动,能够不断提高身体适应能力,匀和而平稳地呼吸。

二、促进消化系统功能的改善

青少年在参加体育锻炼的过程中,会消耗体内的一些营养物质,增强机体代谢,从而使人的食欲得到改善。不仅如此,青少年参与体育运动锻炼,胃肠蠕动更加通畅,也会快速分泌消化液,从而使肝脏功能得到改善。这对于青少年消化系统功能的增强具有非常大的帮助。

三、促进神经系统功能的改善

青少年参加体育锻炼,主要是受神经系统的支配。长期坚持锻炼,肢体越来越协调,身体越来越灵活,思维越来越清晰,并能以充沛的精力学习,提高学习效率。

四、控制体重,塑造健康体形

随着现代社会的不断发展,出现了大量的社会文明病,其中肥胖症就是一个重要的方面。肥胖是青少年群体中普遍存在的健康问题之一,肥胖会对人体的正常生理功能造成不良影响,会加重心脏负担,如果皮下脂肪过多,则死亡危险率也会增加,影响寿命。体育健身运动能够帮助青少年去除多余脂肪,使肌肉力量更强,关节更加柔韧。青少年只有长期参与体育锻炼,才能达到控制体重,保持健康体形的目标。

五、有效预防各种运动伤病

青少年长期坚持参加体育锻炼对于预防各种运动疾病还有显著的效果,这主要体现在以下几个方面。

第一,有助于降低心血管疾病发生的概率。

第二,能有效控制血糖,减少糖尿病发生的可能性。

第三,有利于提高骨质密度和强度,预防骨裂。

第四,有助于预防癌症。

总之,坚持长期参加体育锻炼,能有效预防运动伤病,起到延年益寿的作用。

第二节　青少年体质健康促进的科学体育锻炼理论

青少年参加体育锻炼,除了需要掌握必要的手段与方法外,还要学习和掌握一定的科学理论。这样才能保证体育锻炼实践的科学性和合理性。本节主要阐述体育锻炼的生理学与心理学基础。

一、生理学基础

(一)体育健身与肌肉活动

1. 肌肉概述

肌肉是人体运动系统的基本组成部分,肌纤维是肌肉的基本组成单位,若干肌纤维排列成肌束,若干肌束聚集起来构成肌肉。

人体肌肉主要有骨骼肌、平滑肌和心肌三种类型,其中骨骼肌数量最多,有 600 多块,主要附着在骨骼上。根据骨骼肌外形的不同,可以将骨骼肌分为长肌、短肌、扁肌和轮匝肌四种类型。

2. 运动中肌肉的工作形式

人体在参与工作或体育锻炼的过程中,肌肉的工作形式主要以收缩运动为主,通常主要包括以下几种形式。

(1)向心收缩

向心收缩是指运动过程中人体肌肉长度缩短,这种收缩形式主要出现在人体力量训练中。

(2)等长收缩

等长收缩是指当肌肉收缩产生的张力与外力相同,或某一身体姿势维持不变时,虽然肌纤维有收缩迹象,但肌肉总长度不发生变化的收缩形式。

（3）超等长收缩

超等长收缩是指肌肉先进行离心收缩，再进行向心收缩的形式，又被称作"离心向心收缩"。

以上三种肌肉工作形式对于青少年的身体发展都具有重要的意义，经常参加体育锻炼对于肌肉力量的增强具有明显的效果。

（二）体育锻炼过程的生理监控

青少年的体育锻炼并不是盲目的，要讲究一定的科学性和合理性，而对运动生理负荷的严格监控能大大提高体育锻炼的科学性与实效性。在监控的同时能够对青少年的生理学反应有所了解，从而根据实际情况适当调整运动负荷，以适应青少年体育锻炼的需求。

一般来说，体育锻炼的生理监控是动态发展的，要选择合理的监控指标，这样才能获得可观而准确的监控结果，为青少年参加体育锻炼提供科学基础和保障。过程中要对相关的生理学方法及生理学指标进行合理筛选与运用，以充分发挥监控的积极作用。

1. 体育锻炼生理监控的原则

（1）简便性原则

实施体育锻炼的生理监控，要尽可能采用简单的、可操作性强的检测方法，筛选的检测指标不要太多，对检测器材的要求也不要太高，否则就会影响生理监控的效率。

（2）可靠性原则

在体育锻炼生理监测的过程中，要保证检测的数据真实可靠且稳定，这样才能很好地调控青少年的生理负荷。为保证监测数据的可靠性，应在监控前及时排除对数据的可靠性会造成不利影响的一系列因素，并认真检查器材，按照规范的步骤采集数据。

（3）连续性原则

连续性指的是连续采样，以保证采集的数据连续而统一，保证数据误差最小。通过连续采样可以系统了解体育健身过程中的生理负荷变化规律和健身者的生理反应。

（4）不干扰性原则

体育锻炼生理监控的过程是实时性的,有时候会干扰到青少年的正常锻炼,如器材的干扰、监测人员的干扰等。受到干扰的健身者很难在健身过程中正常发挥,这样会对运动生理负荷监测数据的准确性与连续性造成影响。为避免出现这类问题,就要采取必要的措施和手段进行一定的干预,以免对青少年造成不必要的干扰。

2.体育锻炼生理监控的检测方法

（1）实验室测试法

实验室测试法主要是针对受试者的实际情况为其制定一个个性化的运动方案,受试者在实验室按照为其量身打造的运动方案进行练习,便于测试者观察其生理机能指标的变化,这能为受试者的科学锻炼提供客观的事实依据。

（2）运动现场测试法

在运动现场直接观察青少年在整个运动过程及恢复阶段的生理机能特征,以了解其在运动状态下生理指标的变化及各种生理反应。运动中检测青少年的心率就是这样一种方法。

二、心理学基础

(一)青少年心理发展的规律与表现

1.青少年注意的发展

注意是心理活动对一定对象的指向与集中,是进行信息加工和认知活动的条件与保证。注意不仅包括对目标的指向,还包括对分心信息的抑制。

总的来说,青少年期的注意发展主要呈现出以下几个方面的发展规律。

（1）从最初的以无意注意为主向以有意注意为主过渡。

（2）抑制分心的能力有很大提高，更能将注意力集中到目标事物上。

（3）注意品质不断改善，表现为注意的稳定性增强，初中阶段的青少年的注意广度已经接近成年人水平。

（4）一般来说，引起青少年无意注意的原因由以外部为主转变为以内部为主。有意注意逐渐向有意后注意转化，即转变为自觉的自动注意。

2. 青少年思维的发展

（1）青少年思维发展的基本特点

青少年可以说正处于一个形式运算阶段，他们的思维正从形象思维、抽象思维向辩证思维过渡。在这一阶段中，青少年的思维呈现出以下发展规律。

①在头脑中可以将事物的形式与内容进行分离，即思维可以脱离具体的事物，根据假设进行逻辑推演。

②他们可以同时注意事物的多个维度，思维更加全面。

③思维的概括能力、反省性和控制性明显增强。

（2）青少年思维的具体发展

①青少年假设—演绎推理能力的发展

假设—演绎推理是形式运算的重要标志之一。对于青少年而言，当他们面对一些智力方面的问题时，通常会首先做一下假设，通过挖掘隐含在问题材料中的各种可能性，再运用逻辑和实验的方法对各种可能性进行检验，最后确定事实。对他们来说，在这个过程中，可能性比现实性显得更为重要。在初中一年级这一阶段，青少年已开始接受形式逻辑推理方面的训练，比如，数学课上的代数运算等知识已经高度抽象，其获取依赖于青少年假设—演绎推理能力。刚接触这些知识的青少年开始会显得比较紧张和盲目，需要在教师的指导下进行学习，通过一段时间的学习后,他们的推理能力就会大大提高。

②青少年辩证思维的发展

辩证思维可以说是个体通过概念、判断、推理等思维形式对客观事物辩证关系的反映,是在形式思维的基础上,将事物的个别性、差异性与普遍性统一起来,在思维中恢复事物的本来面目,反映事物的矛盾运动,达到充分认识事物的目的。

在辩证思维的各种形式中,推理发展较晚并且发展的速度也稍慢。在中学阶段,青少年的辩证思维发展较快。中学生的辩证思维从初中一年级开始发展,且发展比较迅速,初中三年级是辩证思维发展的一个重要转折期,到高中二年级,学生的辩证思维获得了极大的发展。因此,学校教育不仅是教给学生知识与技能,还要培养学生的思维能力,用理论解决问题的能力。

3. 青少年记忆的发展

（1）记忆的基本能力发展

记忆的基本能力是指个体对信息的基本识记、存储和提取的能力。一般来说,人的记忆能力主要分为以下两种。

①工作记忆

工作记忆是指在执行认知任务过程中,暂时储存、加工信息的资源有限的系统。大量的实践与事实表明,工作记忆与个体认知加工能力之间有着密切的关系。在培养和提高工作记忆能力的过程中一定要注意这方面。

在具体的实践中,个体回忆的最大项目数量是反映工作记忆能力的一个非常重要的指标。相关研究发现,不同材料工作记忆的广度存在很大的差别,数字记忆广度基本上一直保持增加的趋势,8—14 岁增加速度较快,18 岁至成年期增加很少,基本保持平稳。词语广度的发展趋势与数字广度基本一致,14 岁时基本达到成人水平。视觉广度持续增加,在 14—16 岁达到高峰,之后保持稳定。另外,人的空间广度也会随着年龄的增长而增加,青少年在 14 岁之后可以基本达到成人的水平。

②长时记忆

青少年记忆的整体水平处于人生的最佳时期。在这一时期，对于外显记忆，青少年的有意记忆日益占主导地位，机械记忆和意义记忆所占比重发生逆转，尤其是高中阶段；从记忆内容上看，进入青少年期后个体对抽象材料的记忆能力也得到了明显的增强。

（2）记忆策略的发展

记忆策略是指促进信息进入长时记忆的方式。记忆策略对于青少年的发展而言非常重要。通过这一策略，青少年能科学有效地提高记忆效率，促进自身自主解决问题能力的提高。

①记忆策略的类型

青少年的记忆策略一般包括以下几种类型。

复述：复述是指通过言语在大脑中重现所需的信息。这种言语主要包括出声的外部言语和无声的内部言语两种形式，它们都是人在头脑中反复重现的信息。复述策略能有效促进人的长时记忆的发展，因此青少年一定要重视这一记忆策略的运用。

组织：组织指将记忆的内容分组或形成有意义的类别，其功能在于使每项信息和其他信息联系在一起，从而加强记忆的效果。

精细加工：精细加工是指对识记项目增加细节内容，或者将识记项目与有意义的内容建立尽可能多的联系。

以上三种记忆类型对于青少年而言都具有重要的影响，在提升记忆力的过程中要合理使用这三种策略，逐步提升自己的记忆力水平。

②青少年使用记忆策略的特征

青少年使用记忆策略的特征主要体现在以下两个方面。

第一，复述策略的应用增加。通常情况下，年幼儿童的记忆效率不如年龄较大的儿童，伴随策略使用的外部行为逐渐消失。有研究发现，10岁时，部分被测试者不出声，但可以观察到明显的唇部动作。16岁以后的被测试者的策略已经不能够从外显行为中观察到了，但通过访谈可以发现他们使用的策略。

第二,运用记忆策略的变化性。青少年的记忆策略会随着年龄的增长而不断变化,这是一个明显的特征和规律。具体而言,这些变化体现在以下两方面。一方面,高级的策略形式开始替代原始策略;另一方面,策略的高级形式与简单策略是相互共存,共同发展的。

4.青少年创造力的发展

（1）创造力发展的影响因素
①生理因素
神经系统是人体发展的重要因素,其发展对青少年创造力的发展具有直接的影响。具体来说,就是人体神经系统中神经元的构造和功能对创造力水平的高低产生重要影响。

②年龄因素
青少年在年龄不断增长的条件下,创造力也会不断提高,这是心理和智力发育的一个重要表现。在幼儿阶段,儿童就出现了创造力的萌芽,小学阶段愈加明显,发展到青少年阶段,他们的创造力更加深刻而具体,表现出现实性、主动性和有意性的特点。但需要注意的是,创造力的发展并不会一直随着年龄的增长而增长,发展到一定程度后就会逐步放缓并开始逐渐减弱。这是人体发育的一个基本规律。

③性别因素
人的创造力发展还呈现出一定的性别差异,这也是青少年心理发展的一个重要特征。在富有创造力的名人中,男性可以说占据着绝大部分。这与人的生理、心理以及社会与文化都有着一定的关系。相关研究表明,在主张男女平等的民主开放的文化环境中,儿童的创造力普遍发展较好,男女差异也较小;在男女地位悬殊的条件下,男女创造力的发展呈现出较大的差异。

④知识因素
知识可以说是青少年创造力发展和提高的重要前提,青少年一定要在学校中学习和掌握扎实而丰富的文化课知识。因为知

识结构的欠缺会在很大程度上影响人的创造力的发展。但需要注意的是,具有丰富的知识并不一定意味着就具有较强的创造力,只有学会灵活运用知识才能有利于创造力的发展和提高。

⑤动机因素

青少年创造力的发展和提高还需要有一定的动机,这样才能激发青少年进行创造的欲望。一般来说,动机主要有内部动机和外部动机两种。相关研究表明,人的内部动机更有利于创造力的发挥和发展。因此一定要想方设法地激发青少年的内部动机,促使其积极主动地培养和提升自己的创造力。

⑥环境因素

家庭环境:一个良好的家庭氛围对青少年创造力的培养具有重要的作用。家庭环境因素主要包括父母的知识结构、父母的教养方式、家庭气氛、家庭成员的榜样等多个方面。

学校环境:学校环境也是影响青少年创造力发展的一个非常重要的因素。学校教育环境因素主要包括教师的态度、课堂气氛、课程设置、教学模式、教学方法等多个方面。其中,最核心的因素就是教师,其他因素主要起辅助作用。

社会文化环境:大量的实践与事实表明,在和谐开放的社会文化环境中,青少年的创造力能得到很好的培养与发展。而在强制、封闭的社会条件下,青少年的创造力就显得非常匮乏,难以获得大的发展。

(2)青少年创造力发展的特点

具体而言,青少年的创造力主要表现出以下几个方面的特点。

①创造性思维结构逐渐完整

随着年龄的不断增长,青少年的创造性思维能力获得了较大的提升,这主要体现在以下三个方面。

第一,聚合思维和发散思维协同发展,其中主要以发散思维为主。

第二,发散思维呈现出显著的流畅性、变通性和独特性特点。

第三,抽象逻辑思维愈加成熟,辩证思维开始获得发展。

②创造力呈现现实性和主动性的特点

一方面,青少年的创造力具有一定的现实性,他们的创造力、想象力和思维大多是在面临困难和挫折的情景下被激发的,努力进行创造的主要目的就是解决这些困难。

另一方面,青少年的创造力还具有一定的主动性和有意性。青少年在面对困难和挫折时,一般情况下能积极主动地去寻求解决的策略,能靠自己的能力去克服困难。

③创新意识不断发展和提高

伴随着年龄的不断增长,青少年的创新意识更加高涨,创造能力也逐步提高。通常情况下,青少年热情奔放,充满对新世界、新事物的好奇,不畏艰难,他们的思维敏捷而灵活,充满了探索的欲望,这种创新意识与能力的提高对于青少年创造力的发展具有重要的意义。

（二）青少年心理健康的标准

1. 身心感觉良好

青少年健康发展主要表现在身体健康和心理健康两个方面。在心理健康方面,主要表现为精力旺盛、身心愉悦、心理满足等方面。现代社会竞争异常激烈,对于学生而言,他们面临着一定的学业压力。因此在日常生活和学习中不可避免地会出现一些负面情绪。那些自我心理感觉较差的人,通常在心理上多少存在一些问题,而自我身心感觉良好的人则精神饱满,能正确地面对和处理学习和生活中出现的各种问题。

2. 智力表现正常

智力是人的一项重要能力,智力水平如何将在很大程度上影响青少年的健康发展。人的智力结构是非常复杂的,包含各方面的要素。一般来说,能够考上大学的青年人,其智力都在常规水平之上。但需要注意的是,仅仅依靠智力,人是无法取得成功的,青少年不仅要具备智力,还要付出巨大的努力,这样才有可能取得成功。另外,人的智力还会受到一些非智力因素的影响,需要引起重视。

3. 情绪积极稳定协调

一般来说,人们对周围发生的事情或新鲜的事物都会产生一定的情绪反应,这些情绪反应有时存在着较大的差别,如喜、怒、哀、乐等。有时候人的表现是积极乐观的,有时候又是犹豫的,有时还会出现惊慌失措、急中生智等应激反应。正因为这样,人们才拥有了丰富多彩的生活,在生活中获得了丰富的情感体验。

人的情绪有积极情绪和消极情绪两种,一个心理健康的人通常表现出积极的情绪,如愉快、满意、乐观等;而在出现一些心理问题时,人通常就会表现出忧、愁、悲等消极情绪。对于具有良好心理素质的青少年而言,要合理地控制自己的情绪,做到不以物喜不以己悲,知足常乐,以积极乐观的心态看待这个世界和发生的事情。在平时的生活和学习中,如果青少年出现了消极的情绪和不良的情感,就需要找出症结所在,及时调整自己的情绪,让自己回到正常轨道上。

4. 价值观和人生观与社会主导基本一致

对于青少年而言,一定要树立正确的人生观、世界观和价值观,这样才是心理健康的表现。人们对于人生意义和生活都有自己的追求和看法。一个时常持有消极态度的人,通常难以具备健全的心理素质。总的来说,健康的人生观应是符合社会公认道德取向的价值观,每个人在成长的过程中都形成了自己的人生准则,以积极、乐观的心态对待每一个人和每一件事物。这才是心理健康的突出表现。

5. 自我意识健康

青少年具有强烈的自我意识,这是由其年龄特征及发展规律决定的,作为一名心理健全的青少年要做到以下几点。

第一,能充分认识到自己的机体状态和行为表现,了解自己的气质和能力。

第二,能充分了解自己的学业成就与志向水平是否切合。

第三,尊重自己、悦纳自己和关心自己,时刻充满着自信。

第四,能正确认识自己的优点和缺点,能自己处理各种困难和问题。

6. 人际关系良好

拥有一个良好的人际关系对于青少年的心理健康以及自身的未来发展都具有重要的意义。青少年要在平时的学习和生活中注意提高自己与人交往的能力。

(1)青少年要乐于同人交往,提高与人沟通与交流的能力。

(2)不断提高自己,悦纳别人,取人之长,充实与完善自己。

(3)进行世界观、价值观、人生观教育,建立正确的学习动机。

(4)富有同情心和友爱心,尊重他人,信任他人。

(5)努力培养和提高自己的团队合作意识,形成团结协作的集体主义精神。

(6)独立思考问题,能听取他人的意见和建议。

(7)与异性交往时保持热情和理智,加强沟通与交流。

(三)青少年心理素质培育的原则

1. 差异性原则

由于每一名青少年都是不同的,都有自己的个性和特点,因此心理素质的培育要遵循青少年的个性特点和需求,严格遵循差异性的原则对其进行培养,这样才能有效提升青少年的心理健康水平。具体而言,就是在平时的教学活动中,要以学生心理发展特点和规律为依据制定心理健康教育方案,实施有差别化的教育。

2. 主体性原则

主体性原则也就是以人为本原则,这一原则要求体育教师在教学过程中要善于激发学生学习的积极性,提高学生学习的兴趣,加强师生彼此间的沟通与交流,满足学生的各种心理需求,培养和提高学生的心理健康意识,这样才有利于实现心理健康教育的目标。

2. 系统性原则

青少年的心理健康教育不是可有可无的,也不是一件简单的事情,它是一项大的系统工程,在学校教育中扮演着十分重要的角色。要想实现青少年心理健康教育的目标,教师和学生要密切配合,更新教育观念,优化心理健康教育的环境,建立一个健全合理的育人体制。总之,在心理健康教育的过程中要严格遵循系统性的基本原则,促进学生心理健康水平的提高。

4. 目标性原则

心理健康教育是学校教育的一项重要内容,加强青少年的心理健康教育是尤为必要的。只有具备健全心理的青少年才能获得健康全面的发展。一般来说,青少年的心理健康教育主要包括人生观与价值观教育、人格培养、意志力培养等多方面的内容。

第三节　青少年体质健康促进的体育锻炼实践

一、改善青少年形体的体育锻炼实践

大量的实践与事实表明,健美操具有良好的健身价值,经常参加健美操锻炼能有效改善人的形体,因此健美操深受广大青少年尤其是女生的青睐。下面就主要以《全国健美操大众锻炼标准》中的一级套路为例,阐述健美操基本的动作及方法,以帮助青少年发展自己的形体。

（一）健美操套路练习——组合一

1. 第一个八拍

预备姿势:站立。

1—8 拍:

下肢步伐:右脚开始一字步 2 次。

上肢动作:1—2 拍双臂胸前屈,3—4 拍后摆,5 拍胸前屈,6拍上举,7 拍胸前屈,8 拍放于体侧。

2. 第二个八拍

1—4 拍:

下肢步伐:右脚开始向前走 3 步吸腿。

上肢动作:1—3 拍双肩经前举后摆至肩侧屈,4 拍击掌。

5—8 拍:

下肢步伐:左脚开始向后退 3 步吸腿。

上肢动作:手臂同 1—4 拍。

3. 第三个八拍

1—4 拍：

下肢步伐：右脚开始侧并步 2 次。

上肢动作：1 拍右臂肩侧屈，2 拍还原，3 拍左臂肩侧屈，4 拍还原。

5—8 拍：

下肢步伐：右脚开始连续侧并步 2 次。

上肢动作：5 拍双臂胸前平屈，6 拍还原，7—8 拍同 5—6 拍动作。

4. 第四个八拍

1—4 拍：

下肢步伐：左脚十字步。

上肢动作：自然摆动。

5—8 拍：

下肢步伐：左脚开始踏步 4 次。

上肢动作：5 拍击掌，6 拍还原，7—8 拍同 5—6 拍动作。

第五至八个八拍，动作相同，但方向相反。

（二）健美操套路练习——组合二

1. 第一个八拍

1—8 拍：

下肢步伐：右脚开始前点地 4 次。

上肢动作：1 拍双臂屈臂右摆，2 拍还原，3 拍双臂屈臂左摆，4 拍还原，5 拍右臂摆至侧上举，左臂胸前平屈，6 拍还原，7—8 拍同 5—6 拍动作，但方向相反。

2. 第二个八拍

1—4 拍：

下肢步伐：右脚开始向右弧形走 270°。

上肢动作：自然摆动。

5—8 拍：

下肢步伐：并腿半蹲 2 次。

上肢动作：5 拍双臂前举,6 拍右臂胸前平屈(上体右转),7 拍双臂前举,8 拍放于体侧。

3. 第三个八拍

1—8 拍：

下肢步伐：1—4 拍左脚上步吸腿右转转体 90°,5—8 拍右脚上步吸腿。

上肢动作：1 拍双臂前举,2 拍屈臂后拉,3 拍双臂前举,4 拍还原,5—8 拍同 1—4 拍动作。

4. 第四个八拍

1—8 拍：

下肢步伐：左脚开始向侧迈步后屈腿 4 次。

上肢动作：屈肘前后摆动。

第五至八个八拍,动作相同,但方向相反。

(三)健美操套路练习——组合三

1. 第一个八拍

1—4 拍：

下肢步伐：右脚向右交叉步。

上肢动作：1—3 拍双臂经侧至上举,4 拍胸前平屈。

5—8 拍：

下肢步伐：左脚向右迈步成分腿半蹲。

上肢动作：5—6 拍双臂前举,7—8 拍放于体侧。

2. 第二个八拍

1—4 拍:

下肢步伐：右脚开始侧点地 2 次。

上肢动作：1 拍右臂左前举、左臂屈肘于腰间,2 拍双臂屈肘于腰间,3—4 拍同 1—2 拍动作,但方向相反。

5—8 拍:

下肢步伐：右脚连续 2 次侧点地。

上肢动作：5—8 拍同 1—2 拍动作,重复 2 次。

3. 第三个八拍

1—8 拍:

下肢步伐：左脚开始向前走 3 步接吸腿 3 次。

上肢动作：1 拍双臂肩侧屈外展,2 拍胸前交叉,3 拍同 1 拍动作,4 拍击掌,5 拍双臂肩侧屈外展,6 拍腿下击掌,7—8 拍同 3—4 拍动作。

4. 第四个八拍

1—8 拍:

下肢步伐：右脚开始向后走 3 步接吸腿 3 次。

上肢动作：同第三个八拍。

第五至八个八拍,动作相同,但方向相反。

(四)健美操套路练习——组合四

1. 第一个八拍

1—8 拍:

下肢步伐：1—4 拍右腿开始 V 字步,5—8 拍 A 字步。

上肢动作：1 拍右臂侧上举,2 拍双臂侧上举,3—4 拍击掌 3 次,5 拍右臂侧下举,6 拍双臂侧下举,7—8 拍击掌 2 次。

2. 第二个八拍

1—4 拍：

下肢步伐：右腿开始弹踢腿跳 2 次。

上肢动作：1 拍双臂前举,2 拍下摆,3—4 拍同 1—2 拍动作。

5—8 拍：

下肢步伐：右脚连续弹踢 2 次。

上肢动作：5 拍双臂前举,6 拍胸前平屈,7 拍同 5 拍动作,8 拍还原体侧。

3. 第三个八拍

1—8 拍：

下肢步伐：左腿漫步 2 次。

上肢动作：双臂自然摆动。

4. 第四个八拍

1—8 拍：

下肢步伐：左腿开始迈步后点地 4 次。

上肢动作：1—2 拍右臂经肩侧屈至左下举,3—4 拍同 1—2 拍动作,但方向相反,5—6 拍经侧下举至左下举,7—8 拍同 5—6 拍动作,但方向相反。

第五至八个八拍,动作相同,但方向相反。

练习时的注意事项：

（1）参加健美操运动前应进行全面的身体检查,重点检查心血管系统的机能,要严格把关。

（2）根据季节的变化和练习环境的温度适当着装,选择弹性好具有一定柔软性的鞋袜,这样能起到一定的保护作用。

（3）尽量选择空间广、空气流通好的运动场所。选择的器材要规范,质量要合格。

（4）注意运动强度的合理安排,以免发生过度疲劳的现象。

（5）运动结束后做必要的整理活动,除了补充水分外,还要补充一些高能量、低脂肪、高蛋白的食物。

二、提高青少年反应力的体育锻炼实践

提高青少年反应能力的运动项目有很多,青少年可以根据自己的喜好进行选择,受篇幅所限,下面主要阐述垒球、拔河和武术这些能有效提高青少年反应力的运动项目的锻炼方法。

（一）垒球锻炼

1.握球

（1）食指、中指分开,把球放在指根部,两指与球线垂直相交握在球上方,指端压在球缝线上。

（2）拇指放在球的侧下部,第一指关节压在球缝线上。拇指、食指、中指的握点看起来是一个等腰三角形的形状。

（3）无名指与小指自然弯曲放在球侧,虎口与球之间要有空隙。需要注意的是,握球时要注意力度,要以球不掉下去为准。不要把球握得太紧。

2.传球

（1）两脚与肩同宽,分开而立,稍屈膝,双手于体前持球,身体与目标方向正对,目视传球方向。

（2）传球时,身体以右脚为轴向右转,左肩与传球方向相对,两臂一前一后,右手持球,掌心向下,同时左脚踏向传球方向。

（3）身体重心放在左脚,左臂屈肘放在胸前,右臂经体侧向上摆到右后方,上下臂垂直,上提肘关节,高于肩,腕关节后屈,高于右耳的水平高度。

（4）转肩、顶肘,用力甩臂扣腕,在身体前上方将球鞭打传出。

（5）右臂继续随摆,上体下压,伸踏腿支撑重心,目视传球目标。

3.接球

（1）接平直球

身体与来球方向正对,两脚以与肩同宽的距离左右分开而立,微屈膝,上体前倾,重心稍下降、前移,稍屈肘并下垂,合手将手套放在胸前高度,手指向上,目视来球,稍微提起脚跟做好移动准备。面对不同高度和方向的来球,接球时有所区别。

①来球偏右,接球时两臂旋内向右前方伸出,手指朝右与来球相对。

②来球偏左,接球时两臂向左前方伸出,同时手指朝左,掌心向前与来球相对。

③高于腰部的来球用戴手套的掌心去接。

④低于腰部的来球,手指朝下、掌心向前去接。

（2）接腾空球

①与来球方向相对,左脚在前,右脚在后,距离略宽于肩,微屈膝,上体前倾,两臂在膝关节保持放松,目视来球,做好移动接球的准备。

②观察来球的路线,对其落点进行预测,随后移动到位面对来球,屈肘,向上举起手臂,高于额头,掌心向前。

③来球靠近时,主动伸臂迎球,在右上方接球,接球后两臂后引缓冲,为下一个传球做好充分的准备。

（3）接地滚球

①身体与来球方向相对,两脚以稍宽于肩的距离左右分开而立,屈膝下蹲,上体向前倾,两脚前脚掌支撑身体重量,两臂在膝关节前放松下垂,目视来球。

②观察来球的路线,准确判断球的落点,随后移动到位面对来球。

③双手靠拢伸向前方,手套张开贴地,手指向下与来球相对。

在球刚从地面弹起的瞬间,在体前距离两脚连线中心 30 厘米的位置去接球。

④双手护球稍后引,垫步,调整身体姿势,准备传球。

4. 击球

(1)以触击球为例,投手投球离手前的刹那,击球员的身体迅速转向前导臂一侧,同时右手沿棒快速向中部上移,拇指在上,其余四指在下,用虎口将棒握住,左手在体前控制球棒,棒头比棒尾稍高,身体与投手正对,身心重心向下移,上体稍向前倾,成触击的触发准备姿势。

(2)投手投出球后,击球员判断来球轨迹,及时移动到位,调整身体姿势,将球棒中部与来球对准。球靠近时,双手轻推球棒向本垒板前击球,然后双臂后收缓冲,跑向一垒方向。

需要注意的是,触击球的方向和路线以场上跑垒员、出局人数等实际情况为依据而定。

5. 跑垒与滑垒

(1)跑垒

进攻队员主要是通过击球取得上垒,然后在队员的配合下发挥主观能动性从场上各垒通过最后回到本垒的进攻活动就是跑垒。

整个跑垒的过程主要由离垒和返垒、起动和冲跑、踏垒和停在垒上三个环节组成。跑垒技术非常关键,青少年要认真学习。

(2)滑垒

跑垒员在接近垒位时,突然扑向前或向后倒成侧卧姿势,借惯性向垒位滑进并停在垒上的进攻行动就是滑垒。

滑垒属于进垒的一种方式,在高奔跑中,跑垒中的进攻者为顺利踏垒和停在垒上,避免被大面积触杀而采取该方法,这能在一定程度上帮助参与者取得更好的比赛成绩。

（二）拔河锻炼

拔河在我国的民间非常流行,这一运动趣味性比较浓厚,能很好地锻炼人的反应能力,比较适合青少年参与。拔河的形式有很多,主要有两人对抗、多人对抗等形式。下面主要介绍拔河运动基本技术方法。

1. 基本站位

两脚一前一后分开,前腿伸直,膝盖不要弯曲,脚掌内扣,后腿膝盖弯曲,上体向后仰,身体约与地面保持 60° 的夹角,双手紧紧握住绳子,目视前方。

2. 握绳方法

前臂要伸直,肘部不要弯曲,后臂肘部弯曲,双手紧握绳放在后臂腋下夹住,使绳子与身体贴在一起。

3. 用力方法

听口令与指挥,全体队员一起发力,前脚向前下方用力蹬,后脚伺机后移发力,两手握绳集中发力,重心要低,上体后倾,保持稳定,不要晃。

（三）武术锻炼

1. 基本手形

（1）拳

如图 7-1 所示,除拇指外,其余四指并拢蜷握,拇指与食指第二指节紧贴。拳分平拳和立拳,前者是拳心朝上或朝下;后者是拳眼朝上或朝下。

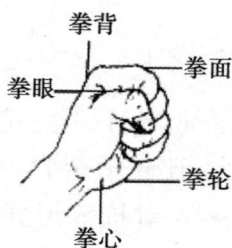

图 7-1

（2）掌

以柳叶掌为例。如图 7-2 所示，除拇指外其余四指并拢伸直，拇指弯曲紧扣于虎口。

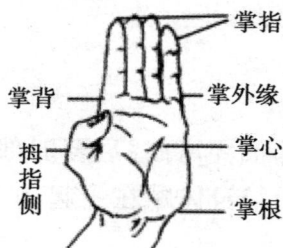

图 7-2

（3）勾

如图 7-3 所示，手腕弯曲，五指指尖捏拢。图中所示的是下勾手，即勾尖向下。还有一种反勾手，勾尖向上。

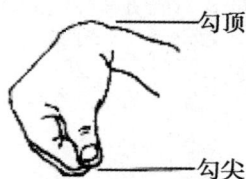

图 7-3

2. 基本腿法

（1）踢腿

正踢腿：两脚并立，两臂侧平举，双手立掌（图 7-4）。左脚向

前移动半步,重心落在左腿,右腿向前额猛踢,脚尖勾起,目视前
方(图7-5)。

图7-4

图7-5

　　侧踢腿:两脚并立,两臂侧平举,双手立掌。右脚向前移半
步,脚尖外展,上体向右转90°;左臂伸向左前方,右臂举到身后
(图7-6)。随即左腿踢向左耳侧,脚尖勾紧;右臂举过头顶成亮
掌,左臂屈于胸前,左手于右肩前立掌;目视正前方(图7-7)。

图7-6

图7-7

　　(2)劈腿

　　竖叉:两腿前后直线式分开,两臂侧平举。左脚脚尖朝上,
右脚脚内侧着地。挺胸立腰(图7-8)。

　　横叉:两腿左右直线式分开,两臂侧平举,脚尖向上翘。挺
胸立腰(图7-9)。

图7-8　　　　　　　　　　　　　图7-9

（3）压腿

正压腿：面向肋木，两脚并立，左腿上抬，脚跟落在肋木上，勾脚尖，双手按在膝关节处（图7-10）。上体前屈，向前、向下压振（图7-11）。

侧压腿：侧对肋木，右腿蹬直，左腿举起，脚跟搭在肋木上，右臂尽可能上举，左掌放在右胸前（图7-12）；上体向左压振，使头部尽量靠近左踝（图7-13）。

图7-10　　　　　　　　　　　　图7-11

图7-12　　　　　　　　　　　　图7-13

（4）扳腿

正扳腿：右腿蹬直，左腿屈膝提起，右手握住左脚踝外侧，左手置于左膝处（图7-14），然后右手握住左脚向上扳，左腿用力向前上方举，左手压住左腿膝关节（图7-15）。

图7-14　　　　　　　　　图7-15

后扳腿：手扶肋木，左腿蹬地支撑重心，右腿向后举，由同伴用力向上扳（图7-16）。

图7-16

（5）后扫腿

两脚并立，左脚向前跨一步，左腿屈膝下蹲，右膝伸直；两掌从体侧向前平推，目视手掌（图7-17）。左膝继续弯曲，身体全蹲，上体向右转，向前俯身，两掌同时下移落到右腿内侧，随着两臂下移和身体转动，右脚紧贴地向后扫转一圈（图7-18）。

图 7-17   图 7-18

三、不同季节体育锻炼的安排

在体育运动锻炼中,有一些运动项目对气温等环境有一定的要求,有一些项目适合在春季运动,有一些项目适合在冬季运动,但不论如何,在各个季节参与体育运动锻炼都需要以季节的特点为依据合理地安排锻炼计划,这样才能保证锻炼的效果和质量。

（一）春季体育锻炼

在春季,一般情况下,人体各器官功能水平都比较低下,肌肉和韧带都比较僵硬,这是因为经历了一个冬季缺乏充足的体育锻炼的缘故。青少年在春季参加体育锻炼时,要尽可能地选择那些能加速人体新陈代谢的运动项目,这样能有效地促进人体各器官机能水平的恢复。除此之外,还可以选择一些以有氧代谢供能为主的运动项目,青少年要依据自身的特点及身体发展规律合理安排运动负荷,这样才能保证体育锻炼的科学性和有效性。另外,在春季参加体育锻炼尤其要注意做好运动前的准备活动和运动后的整理活动,以避免运动损伤。

（二）夏季体育锻炼

由于夏天比较炎热,在参加体育锻炼的过程中,人体会消耗大量的水分,运动机体也会感到不适,受此影响,在夏季青少年都不愿意参加体育锻炼,缺乏体育锻炼的欲望和兴趣。尽管有一部分青少年能参加体育锻炼,但很难保持锻炼的持续性,这对于青少年体育健康发展是非常不利的。

夏季天气炎热且多雨,受这种不良环境的影响,很多学生很少参加体育锻炼。但要想提升自身的体质水平,青少年要努力克服这些困难,结合自身实际情况合理安排锻炼的方法和运动时间、运动负荷等。同时,要选择那些富有趣味性且具有较大锻炼价值的运动项目,如羽毛球、乒乓球、网球等。另外,锻炼的时间尽可能选择在早晚气温相对较低的时间,以免发生中暑,在参加锻炼的过程中要及时补充水分。

(三)秋季体育锻炼

秋季可以说是一个最适合参加体育锻炼的季节,这一季节气候温度都非常适宜,青少年参加体育锻炼的积极性和兴趣都较高。青少年可以根据自己的兴趣和爱好选择适合自己的运动项目。一般来说,球类运动、健身跑、自行车等都可以成为青少年的选择。

通常来说,秋季早晚温度相对较低,昼夜温差较大,因此青少年一定要注意适当地增减衣物,避免发生感冒,影响体育锻炼的顺利进行。除此之外,秋季天气相对干燥,参加体育锻炼一定要注意补充充足的水分,以满足机体参与运动的需要。

(四)冬季体育锻炼

冬季可以说是一个比较适合参加体育锻炼的季节。只要不是特别寒冷的天气,青少年都还是十分愿意参加各项体育活动的。通过参加各种形式的体育锻炼,青少年能有效增强自身的身体素质。鉴于冬季气候的特殊性,冬游、滑冰、滑雪等都是深受青少年喜爱的运动项目。

需要注意的是,在冬季气温较低的情况下参加体育锻炼,身体机能的惰性较大,如果不注意保暖就容易导致肌肉组织受伤。

因此青少年一定要做好必要的防护工作,除了选择适当的衣物外,还要注意运动锻炼中呼吸的方式,采用鼻吸口呼的方式或口鼻同时呼吸的方式,这样能有效避免呼吸道发生感染,有利于体育锻炼的顺利进行。

四、不同体质青少年的体育锻炼安排

每个人的体质是不同的,概括来说,青少年的体质类型主要有健康型、一般型、体弱型、消瘦型和肥胖型等。针对不同的体质类型要安排不同的锻炼方案,这样才能有效地提高青少年体育锻炼的效果。

(一)健康型人群的体育锻炼安排

健康型青少年的特点是身体健壮,对参加体育运动锻炼充满了欲望,且在运动锻炼的过程中能承受较大的运动负荷。这一类型的青少年可以结合自身实际选择一两项运动项目作为重要的锻炼手段。在具体的锻炼过程中,可以采用循环法、重复法等多种锻炼方法,以有效提升自身的身体素质。

(二)一般型人群的体育锻炼安排

一般型体质的青少年比较常见,在青少年群体中占据着较大的比例,这一部分青少年身体素质一般,但也没有什么不良的疾病。正因如此,其中很多的青少年都认为自己不需要参加体育锻炼,他们的这种观念是不对的。在平时的生活和学习中,教师应该将终身体育理念贯穿于教学之中,让青少年彻底地理解终身体育锻炼的重要性,认识到体育锻炼是伴随人的一生的,通过正确的锻炼意识与观念的培养,青少年才能积极主动地参与体育锻炼。另外,在安排体育锻炼项目时,要尽可能地选择那些趣味性较强的运动项目,以激发青少年参与锻炼的兴趣和积极性。

（三）体弱型人群的体育锻炼安排

体弱型的青少年一般身体都非常虚弱，经常生疾病。而大量的实践与事实表明，经常参加体育锻炼能有效增强体质、战胜疾病。对于体质较弱的青少年而言，在选择运动项目时一定要结合个人的实际情况合理的选择，尽可能地选择那些运动强度不大、运动量可大可小的运动项目，如慢跑、太极拳、健身操等。这些项目的运动强度都不大，坚持参加这些项目的锻炼都能取得理想的锻炼效果。

（四）消瘦型人群的体育锻炼安排

消瘦型是指体重低于正常标准，身体看上去偏瘦的青少年，总体来看，具有消瘦体型的青少年还是占据着一定的比例的。这一部分青少年要想改善自己的形体，使自己的身体看上去更加壮实和丰满，就需要制订一个科学的锻炼计划，选择合理的锻炼方式与手段，其中游泳、骑自行车是比较好的运动项目。经常参加这些项目的锻炼，体型能得到很好的改善，需要注意的是，青少年体型的改善并不是短时间内就能改变，需要经历一个长期的过程，只有循序渐进、持之以恒地进行锻炼才能实现预期的效果。

（五）肥胖型人群的体育锻炼安排

肥胖型是指体重超过正常标准，随着社会经济水平的不断提高，人们的生活水平也得到了很大的改善，人们的物质需求得到了极大的满足，在这样的成长环境下，青少年的各种营养需求都出现了过剩的现象，因此当今社会患有肥胖症的人越来越多，这在青少年中也是比较常见的。青少年要想减轻体重，改善自己的形体，就需要进行科学的体育锻炼，可以根据自己的特点和实际选择一些有氧运动或者有氧无氧混合运动，如游泳、跑步、骑自行车等。这些有氧运动项目对于减肥有比较好的效果，患有肥胖症的青少年一定要坚持参加锻炼。

第八章　青少年体质健康促进的保障

　　青少年在参加体育锻炼的过程中,受各种因素的影响,难免会发生一定的意外情况。在发生意外情况时需要采取合理的措施和手段及时处理,否则会导致不良的后果,影响体育锻炼的顺利进行。由此可见,青少年体质健康促进与锻炼需要建立一个科学的保障机制,需要事先制定完善的保障手段与措施,这样才能顺利安全地参加体育运动锻炼。

第一节　养成良好的生活方式

一、养成良好的膳食行为习惯

　　良好的生活方式形成的一个重要方面就是养成良好的膳食行为习惯,这对于青少年身体健康发展及科学的体育锻炼都具有重要的意义。在平时的学习和生活中,青少年要养成合理的膳食习惯,做到以下几点要求。

　　(1)摄取的食物数量要充足和多样,能满足机体参与体育锻炼的需要。

　　(2)要注意摄取食物的质量,选择摄取的食物要营养且健康,要有合适的营养素配比,要注意脂肪的控制。

　　(3)平时要注意多吃蔬菜和水果,以补充丰富的维生素、矿物质和膳食纤维。

　　(4)减少脂肪的摄入,尽量少吃多油脂以及油炸食品。

（5）养成良好的膳食习惯。注意三餐的合理搭配。少吃盐、糖，以降低患高血压（病）的可能性；少饮酒，保护好消化系统及神经系统功能。

（6）食物摄取不能单一，要保持多样化，如谷类（主食）、蔬菜和水果、奶豆类及其制品、动物性食物等都要均衡摄入。这样才能保证合理的营养膳食。

二、保持心理稳定与平衡

要想建立一个良好的生活方式，青少年还应维持好积极健康的心态，保持心理的稳定与平衡发展。这就要求在平时注意青少年的心理健康教育。通常来说，青少年的心理健康教育主要包括以下内容。

（1）做好心理咨询工作，为青少年提供各种心理咨询服务。

（2）实施心理危机干预。当青少年发生一些心理问题时，及时采取各种措施和手段缓解和消除危机。

（3）对青少年进行心理普查活动，充分了解青少年的心理特征。

（4）开展心理健康教育知识的培训活动及各种心理健康讲座。

（5）开展各种心理素质训练营活动。

（6）建立心理健康月，大力宣传心理健康教育。

三、做到戒烟限酒

大量的实践与事实表明，长期大量的饮酒会严重危害身体，破坏人体器官的各种功能，还不利于心理健康的发展。因此，青少年必须要做到戒烟限酒，尽可能地养成不吸烟、不喝酒的良好习惯。

一般来说，青少年可以采取个人强制治疗，住院封闭治疗和西药治疗相结合的方式来控制饮酒。要积极主动地配合医生进行治疗,从而保证自己的身体健康状况回到正常的轨道中。

四、坚持参加体育运动锻炼

青少年在平时的生活和学习中要坚持参加体育锻炼,将其看作是日常生活的重要内容。同时,青少年在参加体育锻炼的过程中,还要坚持适量运动的基本原则,根据个人的身体状况、场地、器材和气候条件等选择适合的运动项目,制订合理有效的锻炼手段与方法,安排适当的运动负荷,这样才能保证良好的体育锻炼效果。

第二节 科学合理的膳食营养

合理的膳食营养是青少年参加体育运动锻炼必不可少的一项重要举措。这能为参加体育运动锻炼提供良好的营养保障。

一、人体所需的营养素

(一)水

青少年坚持参加体育锻炼对体质的增强具有重要的意义,如长时间参加运动锻炼,体温会随着运动锻炼的进行而逐渐升高。在这样的情况下,会出现较多的排汗,水、盐和维生素都会有一定程度的丢失,长此以往,对青少年的身体能力发展是极为不利的。因此,青少年在参加体育锻炼的过程中要及时补充水分,以维持机体的需要。

运动性脱水是青少年在参加体育锻炼时会发生的一种现象,导致这一现象的主要原因在于运动而引起的体内水分和电解质丢失过多,而青少年又未能及时地补充水分,因此运动中补水是尤为重要的一件事情。

（二）糖类

糖类也是人体所需的一种重要的营养素。能为人体参与各种运动提供必要的能量,因此糖类的补充是非常重要的。在平时的运动锻炼中,青少年摄入糖类的反应存在着一定的差别,这就需要依据因人而异的原则针对实际情况合理的调整。总之,青少年参加体育锻炼需要补充充足的糖类,可以通过饮用不同类型的、不同浓度的饮料来补充,这样才能维持机体的需要。

（三）脂肪

脂肪也是人体所需的重要的营养素,缺少脂肪不仅影响机体参与运动,还会影响人体健康。相关研究表明,青少年坚持长期参加体育锻炼能有效增加机体对脂肪的氧化利用能力,能在一定程度上节约人体内的糖原和蛋白质,从而促进人体素质的发展,为人体参与运动提供良好的保障。

（四）蛋白质

蛋白质也是人体所需的重要营养素,它直接影响着人体运动能力的发展。如青少年在参加体育运动锻炼的过程中,耐力性运动能使蛋白质分解加强,合成速度减慢,机体尿氮和汗氮排除量增加。而力量性运动则能使活动肌群蛋白质的合成增加,促使人体肌肉不断发展壮大。

在平时的体育运动锻炼中,青少年一定要结合具体实际合理地补充蛋白质,在补充蛋白质的过程中要注意补充的量,不能盲目补充,否则会影响到身体的正常成长与发展。

蛋白质的营养价值非常大,其价值如图 8-1 所示。

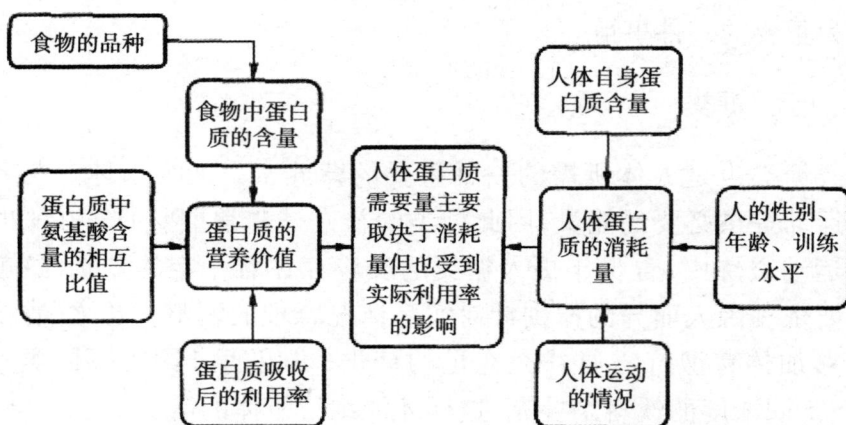

```
食物的品种

                食物中蛋白
                质的含量

蛋白质中              人体蛋白质       人体自身蛋
氨基酸含    蛋白质的      需要量主要       白质含量
量的相互    营养价值      取决于消耗
比值                量但也受到    人体蛋白    人的性别、
                实际利用率    质的消耗    年龄、训练
                的影响        量        水平
        蛋白质吸收
        后的利用率                人体运动
                            的情况
```

图 8-1

人体参与运动离不开蛋白质的参与,因此只有补充充足的蛋白质,才能保证运动锻炼的顺利进行。但需要注意的是,蛋白质的补充要合理,切忌过量补充。

(五)维生素

维生素属于一种微量元素,但也是人体所必需的一种营养素。如果缺乏维生素,人体的发展就会出现紊乱,导致出现各种问题。因此青少年一定要注意维生素的合理补充。

青少年在参加体育运动锻炼的过程中,物质代谢不断加强,对维生素的需要量也随之增加,因此及时补充维生素是尤为必要的,如此能保障机体运动的正常进行。

大量的实践与事实表明,维生素的缺乏对人体具有不良影响。在维生素缺乏的情况下,人体运动能力会下降,整个锻炼活动难以顺利进行。缺乏维生素后,运动者通常会感到倦怠、无力,出现头晕、便秘和疲劳等症状。因此,青少年参加体育锻炼一定要注意补充足量的维生素,但不能过量补充,否则会给机体带来不良影响。

（六）矿物质

矿物质的种类非常多,其中钙、铁、锌是对人体健康发展最为重要的三种。下面主要阐述这三种矿物质的补充。

1. 钙

青少年长时间地参加体育运动锻炼,会出现大量的出汗现象,在这样的情况下,钙就会不断流失。如果不注意钙的补充就会对人体机能的发展产生不良的影响。因此,需要及时合理地补充钙。如果钙缺乏就会引起肌肉抽搐,骨密度也会降低,不利于青少年的健康成长。

2. 铁

长期参加体育运动锻炼,人体组织内储存铁的含量会出现明显下降的趋势,从而导致机体对铁的吸收率降低。青少年在参加体育锻炼的过程中,铁元素也会随着汗液的流失而流失。长此以往会对红细胞造成一定的破坏。因此,及时、合理地补充铁元素是非常重要和尤为必要的。

3. 锌

相关研究和实践表明,人体在参加各种形式的无氧运动锻炼时,体内的锌含量会呈现出逐渐升高的趋势;而长时间的有氧运动则会促使人体锌含量逐渐下降。这是锌元素在人体不同运动中的具体表现。对于青少年而言,一定要充分了解体育运动锻炼的原理和规律,合理地补充锌元素,从而满足机体参与活动的需要。

二、青少年不良的膳食行为

青少年要想促进自身的健康成长与发展,就需要建立一个良好的膳食行为,在平时的生活中注意科学的饮食与合理营养。但目前一个现实情况是,很多青少年都对膳食营养的认识不够,养成了一些不良的饮食习惯,这需要今后逐步改善。总体而言,青少年的不良膳食行为主要有以下几种。

(一)挑食或偏食

绝大多数的青少年都能认识到偏食或挑食的坏处,尽管如此,这种现象还是普遍存在。青少年常见的挑食或偏食行为主要有不喜欢喝牛奶、不爱吃蔬菜、没有吃时令水果的习惯等。长期如此,青少年体内的营养物质就容易失衡,对于身体健康是十分不利的。

(二)喜欢吃零食和快餐

在当今社会背景下,很多青少年喜欢吃快餐和零食。多数青少年对高盐、高糖、高脂和高味精零食"情有独钟",这些零食中的添加剂比较多,营养价值也不大,容易导致肥胖。

伴随着全球一体化,西方饮食文化对我国产生了重要的影响。很多青少年喜欢吃快餐,而这些快餐食品中含有比较多的脂肪,热量高,矿物质和膳食纤维含量很少。以一份含有汉堡、薯条的麦当劳快餐为例,总热量大约是 1 185—1 466 千卡,其中 40%—59% 的热量是脂肪提供的,而维生素含量、矿物质含量远远没有达到合理膳食推荐标准。所以说这些快餐营养价值低,长期食用对于青少年的健康发育是非常不利的。

(三)就餐时玩手机或电脑

随着现代社会的不断发展,手机和电脑成为人们日常生活的必需品,而青少年更是对这些电子产品感兴趣。一天中的很长时间都在玩手机或电脑,甚至在吃饭时也会玩手机,这非常不利于食物的吸收与消化,不利于机体肠胃功能的发展。长此以往就容易导致出现胃肠道疾病。有一部分青少年沉迷于手机游戏,甚至达到了废寝忘食的地步,这容易导致营养不足或营养不良,严重影响青少年的健康成长。

（四）喜欢吃街头食品

一般来说，城市中的食品摊点非常多，但卫生水平不容乐观。相关调查发现，有很多的摊贩都没有卫生许可证、健康证等，食材难言干净，食品中含有大量的添加剂，餐具没有采取消毒措施等。这严重危害着青少年身体的发展。另外，还有一些不良商家为了降低成本、扩大销售、增加利润，大量贩卖不卫生的食品，这对于青少年的身体健康发展是非常不利的。

（五）过多摄入烧烤类食物

每一座城市都有很多的烧烤摊点，卖各种烧烤食品，如熏肉、熏鱼、烤羊肉串、烤肠等，这些食物风味独特，非常好吃，深受众多青少年的欢迎和喜爱。但需要注意的是，这些烧烤类食品营养价值并不大，其中甚至还含有一些有害物质，危害人体健康发展，因此这一类食物不宜长期食用。

（六）用饮料代替白开水

目前，市场上销售的饮料多种多样，琳琅满目，吸引了大量的人群参与消费，青少年就是其中重要的消费群体。有很多的青少年仅仅依靠饮料解决口渴问题，用饮料代替白开水是有很大的危害性的，这主要表现在以下几个方面。

第一，饮料的含糖量相对较高，长期饮用大量的饮料会在一定程度上损坏牙齿，并且容易导致糖尿病。

第二，过量饮用碳酸饮料会在一定程度上阻碍骨骼的生长，容易发生骨折。

第三，过量饮用饮料还会在一定程度上影响食欲和肠胃功能。

第四，很多饮料中含有大量的防腐剂或香精，长期饮用会导致机体肝肾功能的衰弱。

（七）盲目节食减肥

处于青春期的青少年都对自己的形体有着较高的要求，他们追求骨感美，追求时尚的穿着。为了达到这一目的，很多青少年，尤其是女生往往选择节食来减肥，以期获得良好的体型。但是节食减肥通常会导致不良的后果，如厌食、贫血、月经不调等，久而久之还会导致新陈代谢紊乱，出现各种身心疾病。这对于青少年的健康成长是十分不利的。

三、合理的膳食营养

（一）膳食营养的原则

（1）维持糖类、蛋白质和脂肪的适当比例：即糖类占总能量的60%—70%、蛋白质占10%—15%、脂肪占20%—25%。大量的研究与实践表明，这样的营养搭配才是科学合理的，才有利于人体健康发育。

（2）青少年的一日三餐要合理搭配，注意多样化的选择，动物性食物与植物性食物可以相混合在一起食用，这样能有效促进食物的消化和吸收。

（二）膳食营养的需求

1. 对热源营养素有特殊需求

经常参加体育锻炼的青少年对营养素的补充有着较高的要求，在平时的膳食中应以谷类和动物性食物为主，同时还可以多食用一些水果和坚果，这样能充分满足机体参与体育锻炼的需求。

2. 蛋白质的补充

青少年在长时间参加大运动量的锻炼情况下，应适当增加蛋白质的补充量，尤其是要补充优质蛋白。这样能有效防止人体产生疲劳感,有利于青少年体育运动锻炼的顺利进行。

3.无机盐的补充

无机盐的缺乏会导致青少年运动无力和运动能力下降。因此一定要注意运动中多补充无机盐。一般来说,经常参加体育锻炼的青少年最好每天补充食盐 6—10 克,钙 1 000—1 200 毫克,铁 20—25 毫克。这样才能维持机体对无机盐的需求。

4.维生素的补充

经常参加体育锻炼,对维生素的补充也有一定的要求。青少年在进行大强度的运动锻炼后最好服用适量的维生素 E 补充剂和富含维生素 E 的食品。这一类食物具有良好的消除疲劳的作用,有利于青少年顺利地参加体育锻炼活动。

5.水分的补充

青少年参加长时间的体育锻炼,身体会丢失大量的水分,及时合理地补充水分也是非常重要的。及时补水能有效杜绝脱水现象,避免造成心血管负担,从而有利于青少年体育运动锻炼的顺利进行。

四、日常膳食营养注意事项

(一)食物多样,谷类为主,粗细搭配

每一种食物的营养成分都存在着一定的差异,因此要保证食物的多样化才能实现合理膳食营养的目的。在我国传统饮食中,谷类食物占据着人们日常主食的大部分。如面、米、杂粮等能为人体提供足量的蛋白质、糖类、B 族维生素和膳食纤维等。在食用的过程中,人们要注意粗细的搭配,常吃一些杂粮、粗粮和全谷类食物,这样能很好地维持营养的均衡,有利于身体健康发展。

（二）多吃蔬菜水果和薯类

蔬菜水果中含有大量的矿物质、维生素和膳食纤维等营养素，这些营养素都是人体所必需的，因此在日常膳食中，多吃蔬菜水果是尤为必要的。

另外，薯类含有大量的膳食纤维、矿物质和维生素等营养素，经常食用薯类能帮助青少年很好地维持肠道正常功能，提高人体免疫力，降低疾病发生的概率。在平时的膳食中也可以适当食用一些。

（三）每天吃奶类、大豆或其制品

奶类中含有大量的钙、蛋白和维生素等成分，是钙质的最佳来源，青少年时期正是骨骼发育的良好时期，因此每天吃一些奶类制品是非常重要的。这非常有利于青少年的骨骼健康。

另外，大豆中还含有丰富的蛋白、维生素、脂肪酸和膳食纤维等，在平时的膳食中适当地食用这些豆制品也有利于青少年体质的健康发展。

（四）常吃适量的鱼、禽、蛋和瘦畜肉

鱼、禽、蛋和瘦畜肉等食物中含有丰富的蛋白质、脂类、脂溶性维生素、B 族维生素等，这些元素都是人体所必需的营养素，一定要注意合理的补充。

我国青少年摄入的动物性食物较多，如猪肉、牛肉等，禽肉和鱼肉相对较少，可以在今后的生活中适当地摄入这些食物，以保证营养的均衡性。

（五）减少烹调油，吃清淡少盐膳食

脂肪是人体所需的重要营养素，它能为人体提供必需的脂肪酸，有利于脂溶性维生素的消化和吸收。因此要注意脂肪的摄入，但需要注意的是，青少年脂肪的摄入量要适当，不能过多，否则

就容易引起肥胖症、高脂血症等多种疾病。实际上,我们经常会看到有很多的青少年患有肥胖症,其中一个非常重要的原因就在于摄入了过多的脂肪。因此在平时的膳食营养中,要尽可能地养成吃清淡少盐膳食的良好习惯,不要摄食过多的动物性食物和油炸、腌制等食物,这样才能有效避免肥胖症。

(六)食不过量,天天运动,保持健康体重

食物中含有大量的能量,人体在摄入能量后,在运动的过程中会消耗大量的能量,因此摄入的能量一定要充足。但也要把握进食的量,否则多余的能量会以脂肪的形式存储下来而增加体重,长此以往,就容易导致肥胖症。因此,青少年在平时的生活和参与体育锻炼期间要做到食不过量,保持健康体重。

第三节　及时有效地防止损伤与疾病

青少年在参加体育锻炼的过程中,或因为准备活动不足,或因为锻炼环境或器材存在问题,有时候会发生一些运动伤病,这是比较常见的现象。为更好地预防运动伤病,发生运动伤病时能及时有效地治疗,青少年就需要学习和掌握运动伤病的基本知识与处理方法。

一、运动伤病的特点

(一)运动损伤的特点

与一般的损伤相比,运动性损伤具有自身独特的特点,这主要表现在以下几个方面。

(1)不同运动项目,技术特点不同,训练方法不同,因此发生的运动损伤也表现出一定的差别。

（2）慢性小损伤是最为常见的运动损伤，一般多在软组织、骨、神经以及血管等部位发生，局部部位过度疲劳是导致这一类运动损伤的主要原因。

（3）为预防运动损伤，青少年要充分了解运动项目的技术动作与受伤机制。

（4）发生运动损伤后，青少年要暂时停止参加体育锻炼，否则会加重运动损伤。

（二）运动疾病的特点

发展到现在，运动疾病的特征研究成为一个重要的课题，在运动医学、体育保健学等学科的研究中，运动疾病的研究都是非常重要的内容。总的来看，运动疾病主要有以下几个特征。

1. 运动性疾病与体育运动的关系非常密切

发生运动疾病的主要原因在于运动负荷量与运动强度过大，长时间参加这样的体育运动锻炼难免就会发生运动性疾病。运动疾病与普通疾病诱发的原因是不同的，因此二者有着较大的区别。运动疾病与运动有着极为密切的关系，如果在运动中突然承受过重的运动负荷，就会出现过度疲劳、过度紧张的症状，这都是运动疾病的重要特征。

要判断参与体育锻炼的青少年是否患有运动疾病就需要对其进行一定的诊断，诊断的内容主要包括以下几个部分。

（1）青少年的过往运动史。

（2）青少年日常锻炼内容。

（3）青少年的日常锻炼日记。

（4）青少年在运动锻炼过程中表现出的心理状态。

（5）青少年的运动锻炼效果等。

大量的实践充分表明，在运动性疾病的预防和治疗方面，体育运动发挥着重要的作用。因为很多运动疾病都是因为运动量或运动负荷不合理而导致的，因此合理安排运动负荷，控制运动强度是预防和治疗运动疾病的着眼点。据调查分析,不管是发病原因,还是诊断治疗以及预防等,体育运动都在其中扮演着十分重要的角色。

2. 运动疾病的临床特征

普通人与专业运动员之间在生理机能方面有着较大的区别,其原因主要在于专业运动员长期参加运动训练,如高水平耐力运动员经过科学而系统的专项训练,与一般人相比,在生理机能上表现出了心脏肥大或窦性心律过缓的特征。体育运动者的生理机能变化有些是正常的变化,有些是病理变化,具体是哪种类型,就需要从体育运动者的具体运动水平出发来判断,并区别对待,体育指导员、教练员及体育卫生工作者等相关人员必须具备这方面的基本能力。

3. 运动疾病和一般内科疾病容易被混淆

如果不注意,内科疾病与运动疾病就容易使人产生混淆,但实际上二者之间有着本质的区别。例如,青少年在参加体育锻炼的过程中,有时候会感到腹部疼痛,此时要先检查、判断并明确这是否是"急腹症"的症状或问题,如果不是,则是典型的运动疾病——"运动腹痛",而如果不先检查和判断,在不明确的情况下就认定是运动腹痛,就容易造成误诊,这就会对后续的治疗带来非常大的难度。

因此,青少年要充分掌握运动疾病的相关知识和一般疾病的基本常识,具备诊断常见疾病的能力,这样才能针对体育运动者在运动中出现的不适症状进行准确判断,从而对症下药,治疗疾病。

二、运动损伤的防治

（一）发生运动损伤的原因

1. 欠缺对运动损伤预防的认识

相关调查发现,有很多青少年都对运动损伤的认识存在着一定的问题,他们没有充分认识到运动损伤对体育锻炼的重要性。在参加体育锻炼的过程中,对于运动损伤的防范意识不够,这就会带来较大的运动风险。据相关数据统计,大多数运动损伤的出现都与安全意识欠缺有着密切的关系。因此青少年一定要树立起防范运动损伤的意识,并将之贯彻到运动的始终。

2. 运动安排不合理

（1）缺乏合理的准备活动

大量的实践表明,准备活动对于青少年参加体育锻炼而言是十分有必要的。青少年在参加任何体育活动时都要做好充分的准备活动。它的重要意义在于通过一定的小负荷活动提高中枢神经系统和运动系统的兴奋性,使人体从相对的静止状态过渡到紧张的活动状态,以适应正式运动的需要。但需要注意的是,有很多的青少年都没有引起重视,缺乏参加准备活动的意识,即使有准备活动,也是应付一下,准备活动不系统、不全面,这非常容易导致运动损伤。

（2）运动负荷过大

青少年参加体育运动锻炼要有合理的运动负荷,只有如此才能保证锻炼的效果。但是运动负荷的安排一定要合理,不能为了求大求多,一味强调大运动负荷的训练,这样容易使得青少年的身体难以承受而引发运动损伤。另外,由于运动负荷过大还会导致一些间接性增加运动损伤的情况,如在大负荷运动后身体没有得到彻底的恢复又开始了下一次运动,这样容易导致运动性疲劳,进而引发运动损伤。由此可见,青少年在参加运动锻炼的过程中一定要注意运动负荷的合理安排。

（3）运动项目选择不当

青少年参加体育运动锻炼,可以根据自己的兴趣和爱好自由选择多种形式的运动项目。对于那些明显超出自身能力范畴的运动则应该谨慎参与,这些项目对人的体能及技术要求都相对较高,没有良好体能和技术能力的青少年最好不要选择此类运动项目,以免发生运动损伤。

（4）运动组织方法不当

一个良好的运动组织也会对青少年的体育锻炼产生非常重要的影响。良好的运动组织主要表现为正确的组织原则、合理的组织步骤、严谨的过程管理以及全面的总结。青少年在体育锻炼的过程中尤其要注意维护好运动锻炼的纪律,明确运动规则,严禁做出有违体育道德的粗野行为。

3. 身体状态和心理状态不良

大量的实践表明,人的身体和心理状态也会在一定程度上影响其运动水平的高低。这里所谓的身心状态主要包括睡眠不足、睡眠质量不高、患病受伤或伤病初愈阶段。身心状态不佳直接会导致肌肉力量不足、动作变形、身体协调性和平衡性出现下降、注意力涣散、反应较迟缓等现象。如果青少年在这种状态下参加运动锻炼就容易导致运动损伤。

4. 慢性劳损

慢性劳损是一种运动员因身体局部过度活动、长期负重,或者某部位受到持续、反复的外力作用而造成的慢性积累性损伤。青少年长期参加体育锻炼,是容易导致慢性劳损的。

慢性劳损主要发病于人体主要的活动枢纽部位,如腰部、髌骨等部位。这种损伤的特点为顽固、不易治愈。对于青少年而言,发生慢性劳损的概率还是比较低的,其发生与缺乏科学的体育锻炼有着密切的关系。

5. 肌肉收缩力下降

相关研究和实践表明,人体肌肉收缩力下降时就容易引发运动损伤。导致肌肉收缩力下降的原因多为技术动作僵硬、动作不合理、肌肉收缩不协调等。当发生这些现象时,就容易导致运动损伤。

6. 环境因素

对于生活在学校中的青少年而言,很多学校的体育场馆与设施面临着老化和缺乏维修的窘境。例如,足球场地坑洼不平、篮球场地为石灰地、游泳池中水质不达标、塑胶跑道胶粒被磨平等。此外,运动场地周边的卫生环境以及运动时佩戴的必要护具等,都需要提前管理和检查妥当,同时还要注意在不同的季节合理安排体育锻炼内容。

7. 缺乏医务监督

青少年在参加体育锻炼的过程中要讲究科学合理的基本原则,确保锻炼活动的顺利进行,选择的运动项目一定要符合自身具体实际。从理论上来说,当青少年选择某项运动项目时,首先应该进行体检及运动功能评定,以为其提供科学的身体数据,使其能够做出针对性的运动计划,这样也能有效地避免运动损伤。

(二)运动损伤的预防

1. 运动损伤预防的原则

(1)提升意识原则

青少年要想有效地预防运动损伤,首先就要建立良好的预防损伤的意识,要在平时积极地开展预防运动损伤的宣传教育工作,提高青少年的防伤知识水平,培养他们良好的防护技能。

（2）合理负荷原则

合理的运动负荷对于青少年预防运动损伤具有重要的作用，因此青少年在参加体育锻炼的过程中一定要结合自身的具体实际合理安排运动负荷。适当的运动负荷能帮助青少年有效减小损伤发生的概率，而大负荷运动则会相应增加损伤发生的概率。但需要注意的是，青少年在参加体育锻炼的过程中，适当地进行大负荷运动还是有必要的，这样能有效地提升身体素质与运动技能。但总体上来看，还是要遵循循序渐进的基本原则进行锻炼。

（3）全面加强原则

全面加强原则是指全方位地促进青少年身体素质的提升。只有全面地发展青少年的身体素质，其身体才不会出现"短板"，身体各方面的适应力提高了，发生运动损伤的概率才会变小。因此，青少年在参加体育锻炼时一定要注意把握全面加强的基本原则，促进自身素质的全面提高。

（4）严格医务监督原则

加强医务监督对于青少年参加体育运动锻炼而言是非常重要的，这能有效缓解青少年的身体不适，有效预防运动损伤。除此之外，还要定期检查运动场地、器械和护具等硬件设施，以免出现安全隐患。

（5）自我保护原则

青少年在参加体育锻炼的过程中，还要遵循自我保护的基本原则，提升自身的运动安全意识。这要求青少年首先要建立起足够的自我保护意识，其次要掌握一些运动中的自我保护动作，以有效预防运动损伤。

2.运动损伤预防的措施

体育运动都带有一定的风险性，因此青少年在参加体育锻炼的过程中一定要做好运动损伤的预防措施，以降低运动损伤发生的概率。

（1）力量素质在人体各项体能素质中占据着重要的地位，良好的肌肉力量可以在运动中展现出足够的爆发力与协调力，可以有效降低运动损伤的发生率及严重程度，如在同等条件下发生身体对抗的两名球员，身体力量占优势的一方无疑受伤的概率更低。除此之外，青少年还要针对不同的运动项目，加强薄弱环节的身体锻炼，以促进身体素质的全面发展。

（2）运动者在运动的前、中、后阶段都有必要进行较为全面的体格检查，特别是对那些有过往运动伤病史的运动员更要检查详细。检查的重点在于专项运动特点下的易损伤部位，这可以尽早发现各种劳损性损伤，并为接下来的训练负荷和方式的安排提供参考。

除此之外，运动者自身也要提升自我监督的意识，对一些基本症状有所了解。

（3）可供青少年参加体育锻炼的项目有很多，不同的运动项目有不同的预防方法，青少年要根据运动项目的特点学会自我保护的方法，要做好各种防护措施以避免运动损伤。

（4）建立青少年、医生和体育活动组织者三结合的制度，针对运动损伤问题展开探讨。还可以举办一些关于运动损伤防护、急救的知识讲座，培养青少年丰富的运动安全知识。

除此之外，青少年在参加体育运动锻炼时还要注意观察体育场馆和设备的卫生及其他环境问题。尤其是注意运动器材是否符合标准，是否存在安全隐患，将运动损伤发生的概率降到最低。

（三）运动损伤的处理

1.擦伤

（1）症状

擦伤是指皮肤被粗糙物体摩擦而引起的损伤。擦伤大多数为皮肤受损，严重的擦伤还会出血及有组织液渗出。

（2）处理方法

①小面积的擦伤可用清水、生理盐水等冲洗干净。不需要额

外的包扎和上药,能很快得到恢复。

②较大面积的擦伤可以用碘酒或者酒精涂抹。处理完毕后盖上凡士林纱布,并妥善包扎,避免受到感染。

③关节周围发生擦伤时要清洗干净伤处并进行消毒,可以在伤口处涂敷青霉素软膏,以加快伤口处的恢复速度。

2. 拉伤

（1）症状

拉伤,是指肌肉受到强烈牵拉而引发的肌肉纤维损伤。一般情况下主要分为部分拉伤和完全拉伤两种。青少年在参加体育锻炼的过程中,大腿或小腿肌肉处较容易发生肌肉拉伤现象。

青少年在参加体育锻炼时,如果发生拉伤,拉伤部位会感到疼痛、肿胀、有压痛感、肌肉功能障碍等。如果肌肉完全断裂则会失去正常功能,断裂处可摸到明显凹陷及周边异常隆起的肌肉断端。

（2）处理方法

①采用氯乙烷镇痛喷雾剂喷涂损伤处,然后冷敷并加压包扎。

②肌纤维轻度拉伤及肌肉痉挛者可使用针刺疗法。

③如伤者的肌肉、肌腱部分或者完全断裂则需要局部加压包扎并固定患肢,然后送往医院及时救治。

④如果要按摩,需要在拉伤48小时后进行,按摩手法一定要掌握好,不能过轻或过重,否则就难以获得理想的锻炼效果。

3. 撕裂伤

（1）症状

撕裂伤,是指皮肤受物体打击导致的裂口损伤。例如,拳击比赛中由于眉弓位置频繁遭受击打而导致眉弓开裂,就是撕裂伤。

撕裂伤有开放性和闭合性两种。开放性撕裂伤会伴随出血,撕裂处周围肿胀等症状;闭合性撕裂伤没有出血,但伤处在触及时有凹陷感和剧烈疼痛症状。

青少年在参加体育锻炼时,撕裂伤并不经常发生,撕裂伤主要包括眉际撕裂伤和跟腱撕裂伤两种。青少年要针对不同的撕裂伤采取不同的治疗方法。

（2）处理方法

①较轻的撕裂伤可先消毒,然后用云南白药等止血,再用消毒纱布覆盖加压包扎。

②如撕裂处流血不止,则应在靠近伤口处缚以止血带后送往医院。

③如撕裂处的伤口较大、较深,则非常容易被感染。此时应立即将伤者送往医院进行治疗。

4.挫伤

（1）症状

挫伤,是指受钝性外力作用导致伤处及其深部组织的闭合性损伤。发生挫伤时,受伤部位出现疼痛、肿胀、皮下出血等现象,需要及时做处理。

（2）处理方法

①青少年在参加体育锻炼的过程中,如果发生挫伤,要立即局部冷敷、外敷新伤药等,并进行适当的加压包扎。

②肱四头肌和小腿后群肌肉容易发生挫伤,发生挫伤时通常伴有肌肉的损伤或断裂等现象,还比较容易形成血肿。在对患处进行包扎固定后送往医院进行救治。

③挫伤严重者可能会发生休克症状,发生休克时要注意周围环境的通风、保温,帮助患者止血,在做简单的处理后及时送往医院进行诊治。

5.关节、韧带扭伤

（1）髌骨劳损

①症状

经常参加体育锻炼的人或者运动员容易发生髌骨劳损的现

象,其原因主要在于膝关节长期承担运动负荷所致,在受到外部强烈的撞击时也容易发生髌骨劳损的现象。

②处理方法

第一,可以采用针灸、按摩、中药外敷等治疗方法。

第二,恢复期间,可以做膝关节肌群的力量练习,以促进机体的尽快恢复。

（2）肩关节扭伤

①症状

肩关节扭伤的发生主要是由于肩关节用力过猛、反复劳损或技术错误导致的。其症状主要有疼痛、肿胀、关节活动受限等。

②处理方法

第一,轻度扭伤可采用冷敷和加压包扎的方法处理。受伤24小时后可适当采用针灸、按摩等方法治疗。

第二,肩关节扭伤如果伤及韧带,导致韧带断裂,则需要立刻送往医院进行缝合治疗。

第三,部位疼痛或肿胀症状减轻后,可开始尝试功能性锻炼。

（3）急性腰伤

①症状

发生急性腰伤的主要原因在于身体重心不稳或肌肉收缩不协调,在这样的情况下,腰部受力过重或者脊柱运动时超过了正常的生理范围。急性腰伤出现后通常伴随疼痛,以及会有腰部肌肉痉挛和功能受限等症状。

②处理方法

第一,首先让患者取平卧位。

第二,如果疼痛较为剧烈,应立即将患者用担架送往医院。

第三,在经过处理后,患者应卧硬床或腰后垫枕头,以此使腰部肌肉保持松弛。

第四,后期可采用针灸、按摩及外敷伤药等方法治疗。

4.膝关节侧副韧带损伤

（1）症状

膝关节侧副韧带部位的损伤主要是由膝关节弯曲时小腿突然外展外旋或当脚和小腿固定时大腿突然内收内旋导致。发生这一运动损伤后，患者受伤部位会出现疼痛、肿胀、压痛、功能受限等症状。

（2）处理方法

①轻度膝关节侧副韧带损伤只需要患处外敷药，内服消肿止痛药即可。后可配合按摩和理疗。

②中度膝关节侧副韧带损伤应首先进行伤处局部冷敷，并加压包扎，限制膝部活动。

③重度膝关节侧副韧带损伤主要是韧带发生了断裂，如此应尽快送往医院进行诊治。

5.踝关节扭伤

（1）症状

青少年在参加运动锻炼的过程中，踝关节容易出现运动损伤的现象，这主要是由于跳起落地失去平衡或踝关节过度内外翻导致的。其症状主要有患处肿胀、疼痛、皮下瘀血等。

（2）处理方法

①冷敷，并做固定包扎。

②发生运动损伤后必要时可打封闭治疗。

③严重的扭伤应使用石膏固定。

④损伤情况有所好转后可进行一些功能性练习。

6.指间关节扭伤

（1）症状

指间关节扭伤是手指受到侧向外力冲击而造成的扭伤。指关节扭伤后往往伴有关节肿胀、疼痛、功能受阻等症状。如果扭伤较为严重甚至会出现关节变形的情况,此时的痛感更为强烈,应立刻送往医院进行进一步的治疗。

（2）处理方法

①轻度指关节扭伤可采取冷敷或者轻度拔伸牵引的方式处理,然后用粘膏、胶布等将患指固定在旁边手指上,第三天开始做手指屈伸活动。

②发生重度扭伤时立刻送往医院进行治疗。

6.骨折

（1）症状

骨折可以说是较为严重的运动损伤。一般来说,骨折有不完全性骨折和完全性骨折两种。造成骨折的原因通常是运动中身体某部位受到外力撞击。骨折后伴随的症状为剧烈疼痛、皮下出血、损伤位置肢体部分或完全丧失功能。严重的骨折甚至还会损伤体内脏器和神经,甚至致人休克。

（2）处理方法

①骨折后谨慎移动伤肢,找工具尽快固定伤肢,特别是要限制骨折断端的活动。

②如果是开放性骨折则应首先采用止血带法和压迫法止血,包扎后立刻送往医院。应特别注意不要对可能暴露在身体外的骨骼断端还纳,也不要任意去除,以防止发生感染现象。

③伤肢固定稳妥后要注意伤者的保暖,每过一段时间就要检查一下固定情况。如果是对四肢的固定,务必要定时观察肢端情况,询问伤者是否有麻木、发冷的情况,如有则证明包扎过紧,影响了血液流通,要适时放松一些。

④如伤者出现了休克或大出血等情况,应首先予以抢救,并让伤者服用止痛药、针刺人中等。

三、运动疾病的防治

（一）发生运动疾病的原因

1. 运动锻炼安排不当

青少年长时间地参加体育锻炼，由于运动负荷量较大，缺乏必要的休息时间，就容易发生运动疲劳而导致器官系统的功能紊乱或病理改变。青少年运动员运动负荷量增加过快，或运动员伤病后过早开始训练或比赛，或连续参加重大比赛导致运动员身心疲惫也可能导致运动疾病。

2. 心理状态不佳

当青少年情绪低落、心浮气躁参加比赛时也会容易引发各种运动疾病。这是已被大量的实践证明了的事实。

3. 运动项目自身特点所致

青少年在参加一些耐力性项目锻炼时，由于运动负荷量过大，就容易发生过度训练综合征，出现肌肉痉挛、晕厥、运动性贫血等症状。而在一些对抗性项目中，由于运动员的身体经常遭受到重创，因此很容易发生运动性腹痛、晕厥、运动性蛋白尿和运动性血尿等。

4. 生活习惯不规律

青少年一定要养成良好的生活习惯，按时起床按时睡觉，同时要注意适当娱乐，不能破坏正常的生活规律。否则就会引起各种病症，不利于体育锻炼的顺利进行。

5. 营养不合理

营养不合理也是导致青少年发生运动疾病的一个重要原因。

对于青少年而言,营养不合理主要表现为吃饭不规律、挑食,人体所需的各种营养素得不到及时有效的补充,导致代谢速度较慢,能源储备短缺等问题,进而造成运动性贫血、晕厥等病症。因此,在平时的体育锻炼中,青少年一定要注意各种营养素的合理补充。

(二)运动疾病的预防

1. 制订科学的体育锻炼计划

制订科学的体育锻炼计划是有效预防运动疾病的一个重要措施。在制订计划时,首先要充分考虑运动员的性别、年龄和运动基础,制订出具有针对性的体育锻炼计划;依据青少年的实际情况合理安排体育锻炼活动,从而实现体育锻炼的基本目标。

2. 遵守基本的体育锻炼原则

青少年在参加体育锻炼的过程中,要严格遵守全面发展、循序渐进、持之以恒和安全性等基本原则。对于青少年而言,其参加体育锻炼的主要目的在于促进身体素质的发展,在安排运动负荷时不要过重,以免影响机体的发展。

3. 避免运动疲劳积累

运动疲劳的产生与发展的机制有着一定的科学依据,青少年要认识与了解运动疲劳的产生机制,这样才能更好地消除疲劳,促进机体的正常发展。避免和消除运动疲劳的手段有很多,青少年在参加体育锻炼时可以采用以下几种手段。

(1)保证充足的睡眠,养成良好的生活习惯。

(2)尽量不要在休息时间内做大量的娱乐活动。

(3)合理的膳食营养,促进机体的恢复与发展。

(4)适当采用针灸、按摩、理疗等手段消除运动疲劳。

4. 加强训练的医务监督工作

（1）定期对青少年的身体情况进行检查，以便及时发现器官系统中存在的问题隐患，做到早发现，早诊断，早治疗。

（2）加强体育锻炼的医务监督工作，及时了解青少年的身心发展状态，得出客观的反馈信息，根据反馈信息合理地安排体育锻炼，这样能有效保证体育锻炼中的安全，避免发生运动疾病。

（三）运动疾病的处理

1. 过度紧张

长时间未参加体育锻炼的青少年突然参加体育锻炼活动时就容易出现过度紧张的情况，其主要原因在于机体短时间内难以适应运动负荷强度。

青少年在出现过度紧张症状时，其身体和心理会出现各种不适症状，如恶心、呕吐，头痛及头晕等；更有甚者会出现呼吸困难，神志不清等症状，需要及时给予治疗。

在发生过度紧张时，可以采用以下处理手段。

（1）停止参加体育锻炼，保证充足的休息。

（2）急救时，使患者平卧或半卧（心功能不全者），松解衣物，同时注意保暖，然后点掐其内关和足三里穴。

（3）昏迷者，可掐人中、百会、合谷、涌泉等穴。

（4）呼吸、心跳停止者，先做人工呼吸和胸外心脏按压处理，然后送往医院进行及时的救治。

2. 肌肉痉挛

肌肉痉挛也就是我们通常所说的"抽筋"，发生的主要原因在于运动过程中由于肌肉过度紧张和紧绷或技术动作超出肌肉承受范围而引起的肌肉不自主收缩。发生抽筋后多表现为抽筋部位肌肉疼痛、肢体僵硬，有一定的运动障碍。

青少年在发生抽筋现象时,可以采取以下处理手段。

（1）症状较轻者,均匀地牵引痉挛的肌肉可有效缓解病情。

（2）腿部肌肉抽筋,应尽力直膝、伸踝、拉长痉挛肌肉。

3. 运动性腹痛

运动性腹痛一般是运动引起的腹部生理性疼痛,多由于运动前和运动中活动不充分,胃肠痉挛,腹直肌痉挛,呼吸紊乱等引起。

青少年在参加体育锻炼的过程中,如果发生运动性腹痛,可以采取以下处理手段。

（1）了解腹痛性质和部位,判断运动性生理疼痛,还是由运动引起或突发性的病理性疼痛,如果是病理性疼痛应及时去医院进行治疗。

（2）当出现运动性腹痛时,应降低运动负荷,按压疼痛部位慢跑,以缓解症状。

4. 运动性低血糖

青少年在空腹参加体育锻炼或长时间地参加剧烈运动,体内糖消耗过多而又不能得到及时地补充时就容易出现运动性低血糖的现象,发生这一现象时,其症状表现为面白、心烦、焦虑,严重者甚至出现昏迷的现象。

青少年在参加体育锻炼的过程中,如果出现运动性低血糖症状,可以采取以下处理手段。

（1）平卧,注意保暖,饮浓糖水或吃少量食品,昏迷者可静脉注射 50% 葡萄糖 40—100 毫升。

（2）晕倒昏迷者,可针刺人中、百会、涌泉、合谷等穴使患者清醒,并及时送往医院进行诊治。

5. 运动性高血压

青少年长期未参加体育锻炼或者突然参加高强度的体育运动锻炼时就容易引发运动性高血压的现象。其症状主要表现为头晕、头疼。

青少年在参加体育锻炼时如果出现运动性高血压现象可以采取以下处理手段。

（1）运动中如有不适，应及时休息。

（2）避免剧烈运动，养成良好的生活习惯和运动习惯。

（3）给予药物治疗。

（4）有高血压史者参加体育锻炼应遵医嘱，做好必要的预防措施。

6. 运动性贫血

运动性贫血指正常男子的血红蛋白含量为 0.69—0.83 毫摩尔 / 升，正常女子的血红蛋白含量为 0.64—0.78 毫摩尔 / 升。运动性贫血是由于运动不当导致的血液中红细胞数和血红蛋白量低于正常值的情况。贫血发生时，可有眩晕感、乏力感。

运动中发生贫血，应及时减少运动量，必要时应停止运动。

7. 运动性血尿

运动性血尿是指青少年在参加体育锻炼的过程中，由于运动过量，可引起显微镜下血尿，并无其他疼痛和不适。

青少年在出现运动性血尿现象时，可以采取以下处理手段。

（1）少量血尿表现者，减少运动量，注意观察。

（2）出现肉眼可见血尿，应立即停止运动，送往医院进行诊治。

8. 运动性中暑

在炎热的夏季参加体育锻炼时，人的身体热量不能及时散发，就容易导致出现中暑的现象。在发生中暑后，通常人会感到乏力、头晕头痛，并出现呕吐，体温升高等现象。严重者还会出现痉挛、心律失常、昏倒等现象。

青少年在参加体育锻炼的过程中，如果发生运动性中暑现象，可以采取以下处理手段。

（1）当发现有中暑先兆时,可以将患者移至通风阴凉处休息,适当地饮用一些解暑药物。

（2）出现痉挛症状时,牵伸痉挛肌肉,并服含盐清凉饮料。

（3）出现衰竭症状时,服用含糖、盐饮料,对四肢进行按摩。

（4）出现昏迷症状时,可针刺人中、涌泉、中冲等穴位,然后送往医院救治。

9. 运动性昏厥

运动性昏厥是指暂时性的知觉和行动能力丧失,也就是我们通常所说的休克。发生休克时,一般会出现头昏,无力,眼前发黑,恶心等症状。

青少年在参加体育锻炼过程中,如果出现运动性昏厥,可以采用以下处理措施。

（1）平卧,头放低,足垫高,松解衣带,热毛巾擦脸,嗅氨水或点掐其人中、百会、合谷等穴位,做向心推摩。

（2）未恢复知觉前或有呕吐现象时切忌饮食。

10. 延迟性肌肉酸痛

在进行长时间的体育锻炼后,青少年可能在第二天会出现肌肉酸痛现象,这就是所谓的延迟性肌肉酸痛,发生这一症状时可以采取以下治疗措施。

（1）热敷或按摩酸痛肌肉。

（2）口服维生素 C 以缓解症状。

（3）做局部针灸和电疗处理。

第四节　构建体质健康促进的服务体系

构建一个促进体质健康的服务体系对于青少年参加体育锻炼具有重要的意义。

一、体质健康服务体系的概念

体质健康监控服务指的是为满足青少年体质健康需求并对其过程实施监控指导而提供的产品和行为的总称。体质健康监控服务体系可以说是一个满足青少年体质健康需求并对其过程实施监控指导的要素构成的有机整体。建立这一体系能为青少年参加体育锻炼提供有效的指导和帮助。

二、青少年体质健康服务体系构建的对策

(一)以指导思想为根本宗旨

在健康中国背景下,构建一个健全和完善的青少年体质健康监控服务体系,对于青少年的健康发展具有重要的历史意义。构建这一体系,首先要明确基本指导思想,然后依次为根本宗旨。青少年体质健康监控服务体系构建的指导思想是"关注健康,关注学生,为建构青少年体质健康监控服务体系,服务广大高校学生,须本着发扬'一切为了学生,为了一切学生'的奉献精神,坚持面向全体学生,以增进学生健康,强健学生体魄,增强学生体质为根本目标,立足于现实,着眼于学生终身体育发展的需要,高度重视对学生终身体育意识、兴趣、习惯和能力的培养,为提高全体青少年身体、心理与社会适应等整体健康水平服务"。在这一思想的指导下,政府和高校有关部门要积极探索对青少年体质健康进行干预的科学手段,加强青少年体育锻炼意识与习惯的培养。

(二)以政策法规为基本保障

政策法规在青少年体质健康方面发挥着十分重要的作用,它能保障健康监控工作的顺利开展。因此,构建一个青少年体质健康监控体系需要以政策法规为基本保障。只有政府从政策上加以干预,加强监督与管理,才能更好地落实体质健康监控服务。

需要注意的是,政府政策在青少年体质健康管理中主要起间接调控的作用,而发挥直接调控作用的是各级教委,他们是青少年体质健康的管理主体,但直接调控也要以政府的权力为依托。

政府出台的政策只有真正落到实处,才能发挥其作用,高校要积极响应政府的号召,充分落实相关政策法规,并以政府政策为依据而制定具体的体质健康监控措施,培养学生的终身体育观念,为学生的健康提供良好的服务。

总之,加强政府的政策干预,加大政府部门的监管力度,对青少年体质健康监控的内容不断加以深化与完善,这是健全青少年体质健康监控服务体系不断健全与完善的长效机制。

（三）以考核评估为核心内容

青少年要想顺利地参加体育锻炼,为确保运动锻炼的科学性,还需要对其体质健康进行一定的评估,这也是对青少年体质健康监控服务体系成果进行检验的核心手段。要使青少年体质健康监控服务的开展得到保障,就要满足仪器设施准确、项目测试合理、考核评估方式科学、数据上传真实等几个基本条件。在青少年体质健康考核评估中,需要解决的首要问题就是完善高校软硬件设施,硬件方面主要是统一测试仪器和评判标准,软件方面主要是挑选道德素质好、专业水平高的测试人员对青少年进行考核评估。对青少年体质进行考核与评估,要做到公平、公正、公开,针对不同年龄和性别的学生选择不同的测试项目,评估标准也要合理,这样才能得出准确客观的评估信息,从而为制订科学合理的运动锻炼计划或方案提供重要的依据。

（四）以网络平台为未来动向

现代社会已进入一个网络信息时代,因此我们要充分利用互联网资源,构建网络管理平台,加强信息化管理,这对于青少年健康服务体系的建设是非常有帮助的。

在构建青少年体质健康网络信息平台时,需要注意平台的多功能性特点,以准确采集数据、全面分析数据、快速上传数据,提高监测的专业性与效率。此外,构建青少年体质健康监控网络平台,离不开政府出台政策以及青少年、家长、教师等的积极配合,这样才能提高网络平台的运作效率,为青少年参加体育锻炼提供良好的保障。

参考文献

[1] 王鹏.大学生体质之研究 [M].哈尔滨：东北林业大学出版社,2007.

[2] 刘星亮.体质健康概论 [M].武汉：中国地质大学出版社,2010.

[3] 杨忠伟.体育运动与健康促进 [M].北京：高等教育出版社,2004.

[4] 郭文.大学生体质健康突出问题的现状、影响因素及其干预实验研究 [M].杭州：浙江大学出版社,2012.

[5] 索利红.大学生体质现状与心理健康状况关系的研究 [D].内蒙古师范大学,2012.

[6] 袁尽洲,黄海.体育测量与评价 [M].北京：人民体育出版社,2011.

[7] 李洁,陈仁伟.人体运动能力检测与评定 [M].北京：人民体育出版社,2005.

[8] 孙庆祝,郝文亭,洪峰.体育测量与评价 [M].北京：高等教育出版社,2010.

[9] 谭思洁,王健.青少年运动健康促进导论 [M].北京：知识产权出版社,2012.

[10] 陈福花."健康第一"视域下学校体育健康课程开展的现实困境与走出路径探析 [J].课程教育研究,2018（02）：202—203.

[11] 张佩旭."以人为本"教学思想在高职院校体育教学中的渗透 [J].黑龙江生态工程职业学院学报,2013,26（06）：141—142.

[12] 毛亚杰．大学生健康教育 [M]. 北京：北京理工大学出版社,2014.

[13] 马翠珍．中学健康教育专题现状调查及教学途径的对策研究 [D]. 陕西师范大学,2012.

[14] 谢超杰．大学生健康管理服务体系的构建及初步实践 [D]. 华南理工大学,2018.

[15] 李新文．体育健康管理方法论 [M]. 成都：电子科技大学出版社,2014.

[16] 王健,马军,王翔．健康教育学 [M]. 北京：高等教育出版社,2006.

[17] 张友菊．大学生健康教育 [M]. 北京：中国人民大学出版社,2015.

[18] 田向阳,程玉兰．健康教育与健康促进基本理论与实践 [M]. 北京：人民卫生出版社,2016.

[19] 马萍．运动学基础实训指导与学习指导 [M]. 北京：人民卫生出版社,2015.

[20] 谭成清,李艳翎．体能训练 [M]. 长沙：湖南师范大学出版社,2012.

[21] 李建臣,任保国．青少年体能锻炼与体质健康 [M]. 北京：化学工业出版社,2014.

[22] 潘绍伟,于可红．学校体育学（第 2 版）[M]. 北京：高等教育出版社,2008.

[23] 张绍礼,赵洪朋．青少年体质健康干预的研究 [M]. 沈阳：东北大学出版社,2012.

[24] 吴旭光．体育·健康促进·安全 [M]. 北京：地震出版社,2007.

[25] 黄华清．运动与健身 [M]. 武汉：华中科技大学出版社,2006.

[26] 胡新光,曹春霞,李浴峰．论健康促进在"健康中国"战略中的应用 [J]. 医学与社会,2017（04）：64-67.

[27] 卢永, 李长宁. 健康促进与可持续发展 [J]. 中国健康教育, 2016（07）: 662-666.

[28] 黄开斌, 健康中国——国民健康研究 [M]. 北京: 红旗出版社, 2016.

[29] 韩志芳, 何海燕. 公共健康视域下体育运动发展方式的路径选择 [A]. 中国体育科学学会（China Sport Science Society）.2015 第十届全国体育科学大会论文摘要汇编（二）[C]. 中国体育科学学会（China Sport Science Society）, 2015.

[30] 霍兴彦, 林元华. 基于我国青少年体质健康促进的组织服务体系构建研究 [J]. 河北体育学院学报, 2012（04）: 32-36.

[31] 岳保柱. 构建我国青少年体质健康促进服务体系的若干思考 [J]. 西安体育学院学报, 2011（04）: 453-457.